プロの小説家が教える

クリエイターのための
怪異図鑑

著
秀島 迅
朝里 樹

日本文芸社

はじめに

子どもの頃、誰もが抱いてきた「怪異」への飽くなき好奇心。
それは、その先に広がるさまざまな創作作品への探求心の
ルーツ的な役割を果たしていると、私は自身の経験から感じます。

　というのも、あらゆる怪異がその時代のその場所に存在したと
き、必ず出生から終焉までの確かな物語があり、悲喜こもごもの
ドラマが介在しているからです。

　怪異がなぜこの世に生まれたのか、どうして成敗されたのか、
といった衝撃的なストーリーに私は心を引き寄せられ、ドキドキ
ハラハラしながら解説文を貪るように読んだ記憶があります。

　さらにもうひとつ、強い関心を持ったのは怪異の際立った個性
です。誰ひとりとして被ることのない強烈な妖力や特徴に、憧憬
と恐怖が入り混じった気持ちを昂らせながら見入っていました。
本書では朝里先生の概要解説によって、鮮明に蘇っています。

　こう考えると、怪異にはストーリーと個性という屋台骨がしっ
かりと組み立てられ、伝承されている点に改めて気づかされます。
そこには現代の物語創作と通じる、じつに多様な造形ノウハウや
描写テクニックやエンタメ性をも埋め込まれているのです。

　ぜひ新たな視点で、怪異の新しい魅力に触れてみてください。

　創作セオリーを学べる数々の技巧が、この一冊にあります。

秀島　迅

怪しく、恐ろしく、それでいて魅力的な「怪異」。本書では幽霊や妖怪、そして不思議な現象などをまとめて「怪異」と表現していますが、そういった怖いものを調べたり、怪談話につい聞き入ったりしたことは、誰もが一度はあるのではないでしょうか。なかには、実際に怪異を目撃・体験したことのある人もいるかもしれません。

　怪異の歴史はとても古く、人から人へと伝わり、長い時間をかけて形成されてきました。時代を辿れば現存する日本の最古の書物である『古事記』にも登場しています。怪異というものは神話の時代から途切れることなく描かれ、語られ続けており、ここ数十年に誕生した比較的新しいものもたくさんいます。

　本書では、古いものから新しいもの、メジャーからマイナーなものまで、幅広い怪異を取り上げています。さらに、怪異の概要、特徴・能力・弱点などを資料に基づきながらイラスト付きで紹介しているので、怪異についてあまり触れたことがない人でも、情報整理がしやすいつくりになっています。

　そして、さまざまな怪異をどのように物語創作に落とし込むか。そのヒントを小説家の秀島先生がクリエイター視点で解説しているのですが、それはページをめくってからのお楽しみです。

　本書の知識が少しでも創作の一助になれば幸いです。

朝里 樹

PROLOGUE 1

怪異の知見を深めて あらゆる創作の血肉に

クリエイター視点で怪異の魅力を解説

　怪異をテーマとして、あるいは糸口として、何らかの創作表現を試みることはとても有意義なクリエイティブワークです。

　そのことを最初に明言しておきます。

　なぜなら、古くは1000年以上も前から日本で伝承されてきた怪異にまつわる物語には、さまざまな創作エッセンスが込められており、しかも広く一般大衆に行きわたったという観点では、誰もが楽しめる上質なエンターテインメント性を備えているからです。その証拠に、**日本の怪異が持つ独自の個性とユニークさは、今なお多様な作品形態で受け入れられ、いわば普遍の魅力に溢れています。**

　一方では、クリエイター視点で怪異の魅力を紐解き、そのエッセンスやエンタメ性を解説した指南書が存在しませんでした。

　本書は怪異という唯一無二のキャラクターたちを体系的に分析し、創作作法と直結する捉え方で特異ポイントを解説しています。具体的に怪異のスペックを分類すると以下の4項目となります。

---

① 種類（あるいは系譜・種族）

② ストーリー（起源から終局）

③ 妖力と性質（弱点を含む）

④ エピソード（興味深い一説）

創作で活用できる糧に生まれ変わる

　これらのうち①と③は、左頁の【概要】【特徴・能力・弱点】にて、④は【怪異の特徴を表現する文例】と右頁にて②と絡めて触れています。**じつはこうした項目分けは、一般的な小説の登場人物を決める手法と同じです。**ひとつでも抜ければキャラ造形が不十分となり、読者の心に届かない曖昧な人物で終わってしまうでしょう。

　この点は怪異も同様。全情報を網羅することで像が明解となり、その特異ポイントが創作で活用できる糧に生まれ変わります。

　さて本書の使い方ですが、多様な用途があると私は考えます。

　怪異を登場させる物語の参考にするのはもちろん、ファンタジーやSFに応用するのも可能です。さらには一般ジャンルの小説での主要キャラの特徴と傾向を固めるヒントとして活用することもできます。いずれにせよ、怪異に込められた創作エッセンスとエンタメ性の知見を深めれば、クリエイターにとってあらゆる創作の血肉になることは間違いありません。

PROLOGUE 2

怪異とは秀逸な
キャラ立ち軍団

中盤以降で盛り上がる物語はNG

　昨今の文芸作品ではますますキャラ立ちが重要視される傾向にあります。ご存じの通りキャラ立ちとは、個性を際立たせ、性格や傾向を含めた独自性の印象を強めること。これなくして読者を物語に没入させることはできません。

　よくいわれる創作メソッドとして、**主要登場人物は初出時の20行以内でキャラ立ちを成功させるべき**、という訓えがあります。

　中盤以降で盛り上がる物語はNGとされるように、登場人物もまた序盤の最初のシーンで強烈なインパクトを放たなければ作品として成功を収めるのは難しいといわれます。少なくとも文芸新人賞に応募しても、一次選考すら通過できないでしょう。

　本書を通じて会得していただきたいひとつが、このキャラ立ち。どの怪異もご多分に漏れず、独創的な妖力と外見を備えた超個性派揃いです。しかも彼らのストーリーを数行読んだだけで心を鷲掴みされるほど引き込まれ、その比類なき独自性に驚嘆させられます。

　ある意味、怪異とは秀逸なキャラ立ち軍団なのです。

　設定が人間でないことなど関係なく、単体のキャラクターとして人を惹きつけるさまざまな独自性と特異性を併せ持っています。

　見開き毎に登場する怪異たちから、魅力の源がどこにあるのか、という視点で深く探ってみてください。

怪異の表現やビジュアルはつねに自由

　本書では怪異たちのオリジナルイラストを大きく扱っています。専門誌では怪獣やクリーチャー的な容姿であっても、あえて擬人化キャラで一貫して表現しているのは、キャラクターの造形アレンジ例を兼ねているからです。**怪異の表現とはつねに自由であり、独自解釈での描写によって、さまざまに姿形を変幻させることが可能。**大切なのはテーマ性を守りつつも、独創性を重んじることです。

　また、イラスト上でデフォルメされたポイントを参考にビジュアル像を文章化するトレーニングを積めば、あなたの創作物語に登場するキャラクターとしてアレンジ・応用することもできます。

　さらにイラスト下の解説では、怪異の持つストーリーに絡めて、クリエイターとして着眼すべき点を多角的に分析しています。

　キャラクターとは内面と外見とストーリーが三位一体となってこそ、魅力的な存在として物語で輝きを放ちます。そうした理解を踏まえて、キャラ立ちの創作メソッドを確立してみましょう。

PROLOGUE 3

計71種もの
多彩なキャラクターを

鬼も神も善悪の境界線が非常に曖昧

　6つの章立てで構成される本書では、怪異を6タイプに分類し、それぞれの魅力について余すところなく解説しています。

　まずPART.1では人型の17種の怪異を集めました。

　各々が抱える事情はさまざまではあるものの、**怪異になろうと人間の容姿を残すには、人であった過去を引きずり、無念や葛藤が晴れることなく燻っているに違いありません**。そうした負のメンタルに起因するかのように、人型怪異の妖力には情念の凄まじさと恐ろしさが禍々しく込められています。とはいえ、魅力的に描く余地がもっとも残されているのも人型怪異の特徴。ともすれば、人間に戻れるかもという余地を残し、味方としての活躍も心のどこかで期待させるからです。

　そういう意味では、PART.2にラインナップされた鬼軍団は対極にあるといえます。日本の昔話でも鬼はつねに人間の敵として描かれたように、その存在は限りなく悪意に満ちた残虐な存在です。

　本章では神々も登場しますが、けっして正義の側ではありません。悪鬼たちと紙一重の狂暴な者ばかり。実際、神の顔を併せ持つ鬼もいて、善悪の境界線が非常に曖昧です。

　おそらく当時の宗教観や時代感覚では、そうした価値観や倫理観が色濃く残っていたのでしょう。逆に興味深く感じられます。

多様な用途でのアレンジが可能な構成に

　PART.3 では名将と傑物の怨霊を厳選し、憤激と復讐心による過激な報復措置を解説。結局、人が心に抱える怒りの感情こそが、もっと恐ろしいと思わせる災禍の数々は、怪異がこの世に生み出されたルーツ的な意味合いを体現しているともいえるでしょう。

　PART.4 では動物を原型とした 14 種の怪異の紹介しています。人を祟る妖力という観点では、動物であろうと遜色なく強大で、命あるすべてに厳かな念や魂が宿ることを実感させられます。

　さらに PART.5 では巨大な怪異を、PART.6 では異形の怪異をピックアップし、奇想天外な妖力や秘めたるドラマに言及しました。

　計 71 種にも及ぶ怪異を本書では扱っていますが、多彩なキャラクターを揃え、どれもが強烈な個性を有するものばかりです。

　物語創作においては書き手の感性や世界観によって、じつに多様な用途でのアレンジが可能な構成となっています。怪異ワールドを楽しみながら、さらなるスキルアップを目指してください。

本書の見方

この本の見方を教えるネモ

PART.1 〜 PART.6

❶ 名称を記しています。
❷ 別名を記しています。
❸ 簡単な概要を記しています。
❹ 怪異の特徴・能力・弱点を記しています。
❺ 怪異の特徴を表現する文例を記しています。
❻ 怪異を擬人化してイラストにしています。
❼ 怪異を創作する際のポイントを解説しています。

巻末企画

書き込み式
怪異表現練習シート

本書の最後で、怪異を創作する練習用のシートを用意しました。怪異をオリジナルにアレンジしてみてください。

怪異を文章で表現してみるネモ

目次

はじめに 002

PROLOGUE 1	怪異の知見を深めてあらゆる創作の血肉に 004
PROLOGUE 2	怪異とは秀逸なキャラ立ち軍団 006
PROLOGUE 3	計71種もの多彩なキャラクターを 008

本書の見方 010

PART.1 人型（ヒトガタ）の怪異

本章のPOINT 人間に近い存在として親近感や感情移入を誘う ... 016

雪女 018

のっぺらぼう 020

座敷童子（ざしきわらし） 022

口裂け女 024

一本だたら 026

清姫（きよひめ） 028

小刑部姫（おさかべひめ） 030

笑い女 032

ぬらりひょん 034

山本五郎左衛門（さんもとごろうざえもん） ... 036

火車（かしゃ） 038

川姫 040

木霊（こだま） 042

産女（うぶめ） 044

ヒダル神 046

閻魔大王（えんまだいおう） 048

吸血鬼 050

COLUMN 1 人間を感じさせる容姿は
読者の没入感を生みやすい 052

PART.2 鬼・神

本章のPOINT それぞれの持つストーリーが個性的で面白い……054

酒呑童子（しゅてんどうじ）……056
茨木童子（いばらきどうじ）……058
鬼童丸（きどうまる）……060
鈴鹿御前（すずかごぜん）……062
百々目鬼（とどめき）……064
羅刹（らせつ）……066
大嶽丸（おおたけまる）……068
両面宿儺（りょうめんすくな）……070

夜叉（やしゃ）……072
天逆毎（あまのざこ）……074
天邪鬼（あまのじゃく）……076
天魔雄神（あまのさかおのかみ）……078
三吉鬼（さんきちおに）……080
橋姫（はしひめ）……082
温羅（うら）……084
須佐之男命（すさのおのみこと）……086

COLUMN 2 神の領域まで高めると
味方の勝利が見えなくなる……088

PART.3 怨霊

本章のPOINT ゾッとするようなリアルさを演出できる……090

菅原道真（すがわらのみちざね）……092
平将門（たいらのまさかど）……094
崇徳上皇（すとくじょうこう）……096

井上内親王（いのえないしんのう）……098
平知盛（たいらのとももり）……100
後鳥羽上皇（ごとばじょうこう）……102

COLUMN 3 まさしく呪いがかった負の連鎖ですが……104

PART.4 動物の怪異

本章のPOINT 動物なら特徴的で創作しやすい ……………… 106

九尾の狐 …………… 108

隠神刑部狸 …………… 110

かまいたち …………… 112

猫又 …………… 114

千疋狼 …………… 116

鵺 …………… 118

河童 …………… 120

天狗 …………… 122

白澤 …………… 124

獏 …………… 126

土蜘蛛 …………… 128

鉄鼠 …………… 130

人魚 …………… 132

蟹坊主 …………… 134

COLUMN 4 言い伝えやことわざから
動物キャラを生み出す …………… 136

PART.5 巨大な怪異

本章のPOINT 大迫力の規模感で畏怖の念を抱かせる …………… 138

龍 …………… 140

八俣大蛇 …………… 142

濡れ女 …………… 144

海坊主 …………… 146

見越入道 …………… 148

がしゃどくろ …………… 150

だいだらぼっち …………… 152

三目八面 …………… 154

大百足 …………… 156

大首 …………… 158

COLUMN 5 戦う相手の描写を含めて収集がつかなくなる …… 160

PART.6 異形の怪異

| 本章のPOINT | 怖さだけじゃない一風変わったユニークさ …… 162 |

- 輪入道 …… 164
- 朧車 …… 166
- ぬりかべ …… 168
- 一反木綿 …… 170
- 泥田坊 …… 172
- 雲外鏡 …… 174
- 野槌 …… 176
- 震々 …… 178

| COLUMN 6 | 王道の勧善懲悪やハッピーエンドである理由 …… 180 |

書き込み式 怪異表現練習シート

- STEP.1 怪異の特徴について書いてみよう …… 182
- STEP.2 怪異の能力について書いてみよう …… 184
- STEP.3 怪異の弱点について書いてみよう …… 186

朝里 樹が選ぶ！
物語創作でオススメしたい 最恐怪異ランキング …… 188

おわりに …… 190

BOOK STAFF

編集	細谷健次朗（株式会社G.B.）
編集協力	吉川はるか、池田麻衣、幕田けい太
カバー・本文イラスト	真崎なこ
装丁・本文デザイン	別府 拓、奥平菜月（Q.design）

※「怪異」は説明のつかない現象を指すものですが、本書では妖怪や怨霊、鬼や神などの物体・存在を「怪異」と呼称しています。

さあ！
さっそく怪異たちに
会いに行くネモ！

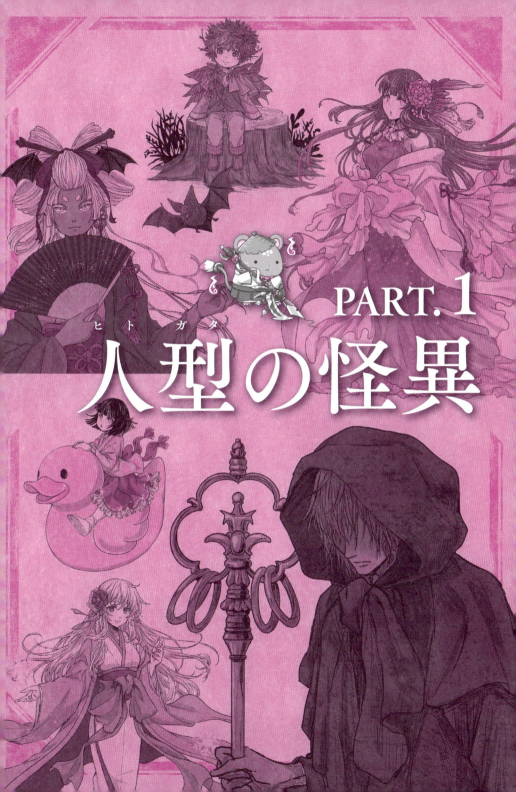

PART. 1
人型の怪異

本章のPOINT

PART.1

人間に近い存在として 親近感や感情移入を誘う

　さまざまなタイプの怪異があるなか、PART.1で扱うのが人型の怪異です。

　人間に近しい姿をしているだけにキャラクターのイメージが湧きやすく、読者が物語へ没入しやすいのが特徴。**書き手としても、一般ジャンルの延長で創作に挑戦しやすいはずです。**

　「怪異」というと、その異形な外見や恐ろしい能力に目がいきがちですが、単に恐怖をあおることに終始してしまうと、物語が単調で、薄っぺらいものになってしまいます。ただし、人型の怪異であれば、内面をうかがわせる描写もしやすく、意外な人間味のある面を見せるこ

General remarks

とで、物語に奥深さを与えることができます。

　たとえば「承認欲求」といった現代的なテーマと怪異を絡めれば、読者に刺さるストーリー性を持たせることが可能です。読者の共感を生み、感情移入を誘うことができればしめたもの。ファン獲得も間近です。

　また、怪異の登場の仕方も工夫のしどころ。一見、人間に見える怪異も多いだけに、「じつは……」と化け物であると明かされるシーンは物語のハイライトのひとつになるでしょう。そのほかには、日常と地続きのエピソードでリアリティを生む方法もあります。

　本章を読み込みながら、ぜひ人型の怪異を用いたオリジナリティ溢れる創作イメージを湧かせてみてください。

NO.01

冷気を操る美しき女

雪女

別名

ユキムスメ、ユキオナゴ、ユキババ、ユキジョロウ　など

概要

雪の夜に現れる、白い着物を着た女の姿をした妖怪。口から冷気を吹きかけるなどして人間を殺す恐ろしい存在として、全国各地に言い伝えが残されている。美しい女性として語られることが多い。

特徴・能力・弱点

- 吹雪の夜に雪山などに現れる
- 雪の夜でも薄手の白装束姿
- すきとおるような白い肌
- 老いることがなく、いつまでも若く美しい姿を保つ
- ぞっとするほど体が冷たい
- 冷たい白い息を吹きかけて人間を凍らせて殺す
- 雪や風を操り、吹雪を起こすことができる
- 赤子を抱かせ、子がどんどん重くなって人を雪に埋もれさせる
- 人間の魂を抜いたり、精気を奪ったりする
- 呼びかけに応じない者を谷へ突き落とす
- 普通の人間のふりをして人間の男と結婚することもある
- 産んだ子どもたちのことを思い、父親を殺すことができない

怪異の特徴を表現する文例

吹雪の向こう、真っ白な着物だけを纏った女が立っていた。なんという薄着だ。女は私をじっと見据えながら、ふっと息を抜くように唇を開いた。と、指先から凍っていき、直後には私の意識が消えゆく。

ギャップの活用はキャラ立ちの常套手段

　強面の人がふと優しい笑顔を浮かべたり、情け深い言葉を漏らしたりすると、普通の人以上に好感度がアップする場合があります。こうしたギャップの活用は、物語創作で登場人物をキャラ立ちさせる常套手段のひとつ。

　猛吹雪とともに出現し、口から冷気を吹いて人を凍らせ、無慈悲に命を奪う「雪女」は、その名のごとく冷酷な怪異として知られています。

　ところが、むやみに人を殺しているわけではないともいいます。**時に優しい一面を見せ、人間の夫との間に10人もの子をもうけた説まであるのをご存じでしょうか**。意外ですが、このギャップを活用しない手はありません。

　そもそも雪女はビジュアル系美女なだけに、温情あふれる隠された素顔を描けば、魅力的なキャラとして読者の心を掴む可能性を秘めます。

NO.02

凹凸のない平らな顔を持つ怪異

◉のっぺらぼう

別名

ぬっぺりぼう、ぬっぺっほふ、ずんべら坊

概要

目・鼻・口のない人型の妖怪。小泉八雲著の『怪談』の話が有名で、顔のない化け物を見たと話そうとする者に「こんな顔ですか」と振り向いて驚かせる。昔から落語や絵巻物に登場してきた。

特徴・能力・弱点

- 顔には目・鼻・口がないが、首から下は人の格好をしている
- 人間のふりをして油断させ、つるりとした顔で人を驚かせる
- 人を襲い、太い毛を残していく
- タヌキやキツネ、ムジナが化けたものといわれることもある
- タヌキなどが化けた場合、人間に危害を加えることは稀
- 化け損なうと、口が残る
- 人をおびき寄せ、顔を食べる
- 人間を食べものに変え、それを食べて顔を手に入れる
- 墓場で人魂を捕まえて食べる
- 釣った魚を置いていけといい、無視した者に顔を消して見せる
- 要求に従わない者の妻に化け、家で待ち構える
- 感情表現が乏しく、考えなしに行動する

怪異の特徴を表現する文例

「ち、ちょっとあんた、出たよ、お化けが出たんだ！」前を歩く男を見つけて叫ぶと、そいつはぴたっと足を止めて振り返った。俺は心臓が止まりそうになる。男の顔には目も鼻も口もなかったのだ。

Point 目・鼻・口がない

Point たまごのようにつるんとした顔

一任したいのは駆け引きと交渉

　バディとして、とにかく心強い存在の怪異が「のっぺらぼう」です。
　ご存じの通り、目も鼻も口もありません。それでいて見聞きはできるうえ、姿形は人間そのもの。しかも、かつては蕎麦屋を営んでいて、普通に働けます。となれば〝使えるヤツ〟として、さまざまな仕事を任せられます。
　なかでも一任したいのは駆け引きと交渉です。何しろ顔がないため、相手は表情が読めなくて大苦戦を強いられるうえ、最後にはのっぺらぼうの不気味なダンマリ攻撃に音を上げるに違いありません。
　さらにのっぺらぼうは他人の顔を奪い取る特技を持ち、どんな人にも成りすませるといいます。こうなればもはや天下無双。怖いものなしです。顔はなくとも、八面六臂の活躍をすること請け合いでしょう。

NO.03

いたずら好きな子どもの妖怪

座敷童子(ざしきわらし)

別名

座敷ぼっこ、座敷坊主、蔵童子

概要

古い家に住みつく、子どもの姿をした妖怪。家の守り神ともいわれ、座敷童が住む家は栄え、いなくなると傾く。主に岩手県をはじめとした東北地方で古くから伝承があり、柳田國男著の『遠野物語』でも知られる。

特徴・能力・弱点

- 着物やちゃんちゃんこを着たおかっぱ頭の子どもの姿
- 人の家や蔵、旅館に住みつく。現代では学校やマンションにも
- 幸せを呼ぶ神様ともいわれる
- 住みついた家の栄枯を左右する
- 寝ている人間の枕や布団を動かすなど、いたずら好き
- 夜になると旅館の客間に現れ、客に遊んでほしがる
- 火事が起こると「逃げろ」と伝えて人間を助ける
- 写真に光る玉として写り込む
- 小さな子どもにしか姿を見せないこともある
- 遊んでいる子どもの輪にいつの間にか紛れている
- 船に乗らないと川を渡れない
- 人間の子どもに驚かれたり気味悪がられると悲しくなり泣く

怪異の特徴を表現する文例

「ん?」誰かが枕を動かした気がして瞼を開けると、知らない女の子がのぞき込んでいた。「だ、誰?」驚きをこらえて、なんとか声を綴る。すると、女の子は笑いながら、そのまま薄闇のなかにすっと消えた。

PART.1 人型の怪異

Point おかっぱ頭

Point 幼い子ども

結末まで正体を明かさないことがポイント

　数多の怪異のなかでも「座敷童子」は特殊な部類です。子どもの姿をした神様だからです。とはいえ、座敷童子が神様であっても、福や幸を積極的に施すわけではありません。善行を積んだ人にだけ幸福をもたらし、不運な人を幸福にするわけではないのです。いうなれば因果応報のバロメーター的存在。徳の満ち足りた人や家を敏感に察知する能力を備えています。

　物語で座敷童子を起用する際は、結末まで正体を明かさないことがポイント。**たとえば波乱に満ちた展開から大団円を迎え、転校していった同級生の「あの子」が座敷童子だったとラストで誰もが気づけば、爽やかな余韻が残ります。**つまり座敷童子が現れた時点でハッピーエンドは約束され、生徒たちが勇気を奮って善行を積んだことが物語のテーマとなります。

023

NO.04

社会問題にまで発展した伝説の女

口裂け女

別名

口割れ女
(くちわおんな)

概要

大きなマスクで顔を隠し、赤いコートを着た女性の姿をしたお化け。1980年頃から噂が出回りはじめた比較的新しい都市伝説。全国各地で小学生を中心に目撃情報が続出し、一時は社会問題にまでなった。

特徴・能力・弱点

- 顔の下半分を覆うマスクを外し、耳元まで裂けた口を見せる
- 赤いロングコートを着ている
- すらりとした長身で、一見すると美しい女性の姿
- 長いハサミやメス、鎌といった刃物を所持している
- 「私、きれい？」と訊ね、「きれい」と答えると「これでも？」とマスクを外して口を見せる
- 「きれいじゃない」と答えた者を刃物で刺し殺す
- 足が非常に速く、逃げようとする者を瞬時に捕まえる
- 「ポマード」（油性の整髪剤）が大の苦手で3回唱えるとひるむ
- ニンニクも苦手で、弱み
- 好物のべっこう飴に目がない
- 三姉妹という噂もある
- 整形手術に失敗したという説も

怪異の特徴を表現する文例

きれいかと突然聞かれ、黙り込んだ。次の瞬間、何が起こったか、すぐにはわからない。ただ腹部に激痛が走り、血まみれだった。女はすでに消えていた。あれが噂の──気づいたときは手遅れだった。

ある意味、承認欲求の塊のような怪異

　「口裂け女」が衝撃的なのは、背の高い容姿端麗な女性が「私、きれい？」と、道端で訊ねてくるアプローチです。いかにも日常で起こりそうなリアルさから、本当に存在するのでは、と恐怖させる説得力があります。**ある意味、承認欲求の塊のような怪異ですが、口が裂けてしまったがため化け物扱いされて凶行に走る短絡的な行動には、どこか同情の余地があります。**そして注目すべきは、口裂け女が誕生したルーツに確定的な情報がない点です。「なぜそうなってしまったのか？」と彼女の過去を深掘りし、美しさを否定する男性を惨殺する行動原理まで踏み込んでキャラ造形すれば、悲哀に満ちたドラマが生まれるでしょう。さらには恨みや怨念を明らかにすることで、読者に感情移入させるツボを創出できるかもしれません。

NO.05

ひとつの目と1本の足が特徴的

一本だたら

別名

ひとつだたら、一本足

概要

1本足の妖怪で、奈良県や和歌山県を中心に言い伝えが残っている。その正体は「猪笹王」という背中に熊笹の生えた大きな猪であるという説が有力。撃たれたのちに亡霊となり、1本足の鬼神の姿で現れるのだとか。

特徴・能力・弱点

- 「果ての20日」といわれる旧暦の12月20日に山中に現れる
- 和歌山県と奈良県の県境にある果無山脈によく出没
- 滅多に姿を見せることはなく、足跡でのみ存在を確認できる
- 雪が降り積もった地には1本足の大きな足跡が残っている
- 普段は人に危害を加えないが、果ての20日には人を食べる

- 遭遇すると病にかかってしまうこともある
- 人を襲うにしても、郵便屋だけは襲われることがない
- くるくると宙返りをしながら移動していく
- 急な方向転換が苦手なため、すばやい攻撃には弱い
- 傷を癒すために野武士に化けて湯治に来ていた

怪異の特徴を表現する文例

「どこへ行くんだい？」私が訊ねると息子は俯いていう。「外へ遊びに行きたいんだけど……ダメ？」すぐさま私は返す。「今日は12月20日。一本だたらが出る日なんだよ」そういうと息子は外出を諦めた。

Point 大きなひとつの目

Point 1本だけの足

PART.1 人型の怪異

常識的感覚を持つ怪異なのかもしれない

　「一本だたら」は禍々しい外見が特徴的。夜の道端で出くわせば、肝の座った大人でさえ腰を抜かすほど驚くでしょう。ところが凶暴性については諸説あり、人に危害を加えるかは定かではありません。その一方、確かな事実がひとつあります。それは旧暦の12月20日にしか出没しないこと。よってその日だけは外出するな、と子は親から戒められていました。

　どうやらそこに本性を紐解くヒントがありそうです。年末の20日は大掃除や新年の準備で多忙な時期。しかも豪雪の極寒です。**子は外に出ることなく家で手伝いに励めと窘める、常識的感覚を持つ怪異かもしれません。**

　さらには恐ろしい外見から想像もつかない、両親や家庭への胸に秘めた想いが、一本だたらをこの世に徘徊させる原動力になっているのかも。

NO.06

激しい怒りでヘビになった化け物

清姫(きよひめ)

別名

――

概要

恋心を抱いていた僧の安珍(あんちん)に裏切られ、怒りのあまり蛇と化した女性。清姫のキャラのもととなる『安珍・清姫伝説』は、能楽や歌舞伎、人形浄瑠璃などのさまざまな芸能作品で取り上げられている。

特徴・能力・弱点

- すさまじい執着心で地の果てまで追いかけてくる
- 逃げ切ることは不可能なため、戦うしか道はない
- 捕まったら最後、業火で焼き殺されてしまう
- 人間から恐ろしい大蛇へと姿を変化させる
- 蛇の姿だと、水のなかを自由自在に泳ぐことが可能
- 口からはまわりのものを灰に変える灼熱の火を吹く
- 自分の身を顧みない無鉄砲な攻撃を仕掛けてくる
- 情熱的で、相手の一言に感情を左右されやすい
- ごまかすと、嘘がバレたときに逆上するため注意が必要
- 安珍と清姫は、熊野権現と観音菩薩の化身だった

怪異の特徴を表現する文例

「なんであたしから逃げるんだよ！」清姫が叫ぶと、鐘のなかへ逃げ込んだ安珍が返す。「わ、私はもっと穏やかな女性が好きなんです」その言葉に逆上した清姫は口から火を噴き、鐘を猛火で包んだ。

Point
上半身は人間

Point
下半身は蛇

いつの時代も王道展開の物語が支持される

　惚れた僧侶に恋心が通じず、蛇へと変貌。あげくには鐘のなかへ逃げ込んだ相手を焼き殺したあと、自殺してしまった「清姫」。こう書くとホラー系の呪い物語です。実際、蛇女と化した清姫は恐怖でしかありません。
　とはいえ、この話は能や歌舞伎など、さまざまな芸能で取り上げられ、人気を博す名作として世に知られています。意外に思われるかもしれませんが、支持される理由はハッピーエンドだからでしょう。現世を去ったふたりは供養後、天上界に住み、清姫は観音菩薩になったといわれます。
　まさにいつの時代も王道展開の物語が支持されるというお手本です。
　しかも、蛇は執念深い生き物と評される一方、当時は神社で祀られる「神」的存在でもありました。つまり、フラグもしっかり立てられていました。

NO.07

姫路城の天守閣に棲む妖怪

小刑部姫
（おさかべひめ）

別名

刑部姫、長壁姫、小坂部姫　など
（おさかべひめ）（おさかべひめ）（おさかべひめ）

概要

兵庫県の姫路城に現れる妖怪。もともとは「城化け物」と呼ばれていた。その正体としては、古狐や蛇神、人柱となった女性の霊など、さまざまな説がある。

特徴・能力・弱点

- 姫路城の天守閣に隠れて住み着いている
- 年に一度だけ城主の前に姿を見せ、城の行く末を告げる
- 人間が嫌いで、基本は天守閣に閉じこもっている
- 突如として恐ろしい鬼神の姿へと変貌する
- 機嫌を損ねたり、逆らったりすると祟られる
- 顔を見るだけで死に至ってしまうこともある
- すぐ側には複数のコウモリを従えている
- 800匹にも及ぶ眷属を思うままに操り攻撃する
- 福島県の猪苗代城に棲みつく妖怪である亀姫は小刑部姫の妹
- かの剣豪・宮本武蔵も小刑部姫に遭遇している

怪異の特徴を表現する文例

書に記された約束の日時に天守閣へ赴くと、3m近い女の鬼神がぬっと薄闇から現れた。「あ、あなたは？」私が聞くと「小刑部姫だ」と鬼は答え、「我を尊ばないなら城もろとも滅ぼす」と続けた。

Point
気が強そうな
狐顔

Point
しもべのコウモリ

PART.1 人型の怪異

城の命運を握るほどの強大な妖力を備えた

　一軒家、マンション、別荘——どんな形態の住居であれ、同じ屋根の下に謎の怪異が居座っていれば、気が気ではありません。越してきた新居で怪現象が続発するパニックホラーがハリウッド映画の定番であるように、**家にまつわる怪異の話は恐ろしくも古今東西で人気の高いジャンルです。**

　日本でも昔から住居に居座る怪異が存在しました。「小刑部姫」です。しかも単なる家ではなく、姫路城の天守閣に隠れ住んでいました。十二単を着た少女、老婆、巨大な鬼神と、その姿はさまざまで、正体は妖狐や悪霊や蛇神など諸説ありながら、結局のところ謎のまま。それでも城の命運を握るほどの強大な妖力を備え、城主はその存在に慄いていました。

　家に居座られれば逃げ場なし。**この設定にこそ恐怖のツボがあります。**

031

NO.08

つられて笑うと死が待っている

笑い女

別名

—

概要

古くから高知に伝わる妖怪で、「勝賀瀬の赤頭」、「本山の白姥」とともに土佐三大妖魔のひとつとして数えられる。似たものに、「笑い男」や「倩兮女」がある。

特徴・能力・弱点

- 夜に山のなかを歩いていると出くわす
- 1、9、17日に山に入ると必ず遭遇してしまう
- 突然笑い出したかと思うと、どんどんその笑い声が轟いていく
- 一度笑い声を聞くと、死ぬまでその声が耳もとで聞こえ続ける
- つられて一緒に笑うと、笑いが止まらなくなってしまう
- 聞こえ続ける笑い声に気がおかしくなり、発狂することも
- 笑い声が思い出されるときに、発砲するような音が聞こえる
- 巧みな精神攻撃で相手を窮地へと追い込んでいく
- 声さえ封じることができれば倒したも同然
- 直接的な物理攻撃はあまり得意ではない

怪異の特徴を表現する文例

真っ暗な山道をビクビクしながら歩くうち、どこからともなく女の笑い声が聞こえてきた。私は必死で走って逃げた。けど、どういうこと？女の笑い声が鼓膜から離れない。そしてなぜだか私まで笑い出す。

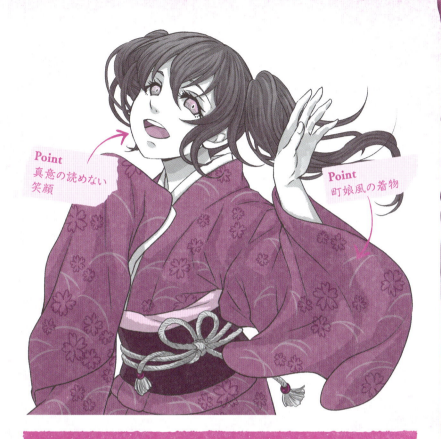

Point 真意の読めない笑顔

Point 町娘風の着物

狂気の恐怖を体現できるアイコン

　喜怒哀楽には起因する事由があります。いいことがあれば喜び、嫌なことをされれば怒り、というふうに。もし突然、電車で隣の人が怒鳴ったり泣いたりすれば、誰もが驚き、慄くでしょう。感情のタガが外れた人とは恐ろしいものです。そこに狂気が垣間見えるからかもしれません。

　「笑い女」は山でいきなり笑い出し、遭遇した者の心を壊して死に至らしめる怪異。一度聞いた笑い声は絶対に耳から離れることなく残り続けます。出没地の土佐では三大妖魔のひとつとして恐れられていたほどです。**人は理論や摂理を超越した存在を本能で危険と察知します**。そういう意味では〝ただ笑う〟だけで人々を震え上がらせる笑い女は、小難しいホラーの技巧や技術なくして狂気の恐怖を体現できるアイコンといえます。

NO.09

ぬらりと現れ、ひょんと消える妖怪

ぬらりひょん

別名

ぬうりひょん、滑瓢（ぬらりひょん）

概要

捉えどころのない、老人姿の妖怪。全国各地に伝承が残されており、その知名度は非常に高い。数多くの漫画やアニメで主要キャラクターとして起用されている。

特徴・能力・弱点

- 世にはびこる妖怪たちを統べるボス的な存在
- 夕方頃になると姿を見せる
- 勝手に人家に上がり、お茶を飲んだり煙草をふかしたりして寛（くつろ）いでいる
- 適応力が高く、入り込まれた家の住人も気づかないほど
- 存在感を消して、どこにでもうまく潜入できる

- 一見すると庶民的な雰囲気で威圧感はない
- 神出鬼没でいつの間にか現れ、気づいたらいなくなっている
- 高い回避能力を持ち、のらりくらりと攻撃を躱す
- 正体や攻撃力は底知れず、謎めいている
- マイペースで、いかなるときもつねに落ち着いている頭脳派

怪異の特徴を表現する文例

帰宅すると居間に誰かいた。番頭に聞くと、お茶を飲んでいるという。「旦那様のお知り合いですよね？」私は首を振る。客人の予定などない。だが落ち着いたそのうしろ姿は、盗人や不審者には見えない。

Point
ニヤリとした表情

Point
うしろに大きく突き出た頭部

PART.1 人型の怪異

気がつけばキャラ立ちしていた好例

　物語の登場人物リストやプロットも完成し、いよいよ執筆に入りました。と、書き進めるうち、当初はサブキャラ以下であるはずの脇役Aがなぜか存在感を放ちはじめ、**気がつけば主要な役どころのひとりとしてキャラ立ちしていた——書き手も想定外なそんな珍事がごく稀ですが起こります。**

　「ぬらりひょん」こそまさに脇役Aです。怪異として並外れた妖力があるわけではなく、背丈は人間と同じくらいで、神様系の血筋でもありません。特技といえば勝手に人の家に上がり込み、お茶を飲んで寛ぐこと。

　それでいて気がつけば妖怪の総大将として君臨しています。実際のところ知名度は高く、姿形を知らなくても、ぬらりひょんの名を知らない人はいないでしょう。つまり役得なキャラとはかくありたい、という好例です。

NO.10

数多くの魔物を束ねる魔王

山本五郎左衛門

別名

山ン本五郎左衛門、山本太郎左衛門

概要

多くの化け物を束ねる長。江戸時代に書かれた『稲生物怪録』という、実話をもとにした物語に登場する。物語中では、主人公である稲生平太郎の前に姿を現し、その勇敢さを称して自身を呼び出せる小槌を授けた。

特徴・能力・弱点

- 武士の姿に化けており、一見するといい歳をした人間
- 真の姿ははるかに巨大で毛に覆われている
- 神野悪五郎と魔王の座をかけて勝負していた
- 30日間、稲生平太郎を怪異に襲わせ続けた
- 特別な小槌を打つと呼び出すことができる
- 部下である魔物たちを使役して人間を恐怖に陥れる
- 相手の勇敢さを素直に認めて退散する、潔い性格
- 莫大な妖力を駆使した非常に精度の高い変装スキル
- 基本的に人間に危害は加えず、ただ怖がらせることに注力する
- 数多くいる化け物の部下たちをまとめ上げるリーダーシップ

怪異の特徴を表現する文例

「なかなかの男じゃ」山本五郎左衛門は感嘆する。「あなたは？」平太郎が訊ねると「怪異の頭領で魔王直結の者だ。今後は力になろう」いうや身を翻した瞬間、数千もの怪異を従えて闇へと消えた。

キャラ造形の王道として大いに参考にすべき

　多くの従者を引き連れる怪異の頭領「山本五郎左衛門」は、魔王直属の最強の手練れでした。山本はライバルとの賭け事で、藩士の稲生平太郎を約一カ月にわたって脅し続けますが、稲生は屈することがありませんでした。稲生の勇者ぶりに感心した山本は、潔く負けを認めるばかりか、別の怪異が襲ってきた際には力を貸すと告げ、従者とともに去っていきます。

　最強と謳われる怪異でありながら人間に対して自らの負けを認める山本の度量の大きさは、キャラ造形の王道として大いに参考にすべきです。

　なぜなら、**悪の側の敵キャラが敗北をきっかけに改心して正義の側につく変換パターンこそ、読者に好印象を与える鉄板テンプレ**だからです。

　これを〝昨日の敵は今日の友〟の法則と呼びます。

NO.11

葬式や墓場の死体を持ち去る妖怪

火車(かしゃ)

別名

化車(かしゃ)、マドウクシャ、キャシャ、キモトリ

概要

死体を奪い、持ち去っていく。その正体は猫又ではないかとされている。生前に悪事を働いた亡者を地獄へと連れていくための車を「火車」といい、これに由来しているようだ。

特徴・能力・弱点

- 体が轟々(ごうごう)と燃え盛る炎に包まれている
- 大きめの怪しい化け猫のような姿をしている
- 100歳を超える年老いた猫が火車となる
- 葬列の途中、葬儀場や墓地に竜巻のごとく現れる
- 棺のなかに収まっている死体を奪い去っていく
- 空中に浮かんだ状態で移動することができる
- 火車が死体を奪いに訪れるときは天候が荒れている
- 死体を食い散らかすこともある
- 石を詰めた棺を火車に襲わせ、その隙に死者を葬れば、死体を奪われることなく弔える
- 遺体や棺の上に刃物を置いておくと火車は近づけない

怪異の特徴を表現する文例

突如として嵐のような悪天候になった。黒い雲がたちこめた空に炎をまとった獣の姿が現れた。「火車だ」誰かが叫ぶ。「死体が奪われるぞ」別の誰かの怒号が響く。「故人は悪者だったのだ」と私はつぶやく。

成功要因は炎を纏って現れるから

　葬式や墓場を襲い、生前に悪事を働いた人間の死体を奪い去る「火車」。この不気味な怪異が名を馳せた成功要因は炎を纏って現れるからです。

　姿形は猫や鬼のようだといわれるも、それだけではインパクト不足。葬儀へ参列する人たちに、すぐに気づいてもらえない可能性も考えられます。ところが轟轟と燃え盛る炎とともに登場すれば、誰だって腰を抜かすほど驚くでしょう。そもそも炎や火は、破壊、浄化、再生といった大仰な意味を持ち、儀式の象徴として用いられます。火車はこの通例を見事に活用しました。実際、人々はよほど火車を恐れたに違いません。その証拠に、経済状態の切迫を意味する語彙の〝火の車〟が世に定着したわけですから。

　炎や火を有効活用すると、キャラが実力以上に映える典型モデルです。

NO.12

川辺に現れる美しい女の怪異

川姫

別名

―

概要

水辺に姿を現す女の妖怪。福岡や大分県、高知県、和歌山県で言い伝えられている。さまざまな伝承が残されているものの、その正体ははっきりとは解明されていない。

特徴・能力・弱点

- 川や水車小屋の近くといった水辺に現れる
- 水面に立っていたり、糸巻きをしていたりする
- 基本的には物理攻撃を仕かけてくることはない
- 思わず見入ってしまうほどの類稀なる美貌で人を惑わせる
- 惹きつけられた人間は精気を奪い取られる
- 下を向いてしばらく息を潜めているとやり過ごせる
- 防御は特にできないため、反撃されると弱い
- 和歌山県に残されている伝承では鯉の化身とされる
- 美しい女がみるみるうちに恐ろしい老婆へ変わったという話も
- 香川県の琴平には似て非なる「川女郎」の伝承が残っている

怪異の特徴を表現する文例

暑い夏の昼下がり、男たちが水車小屋で涼んでいると、川辺にひとりの女が佇んでいた。「きれいな女子じゃ」と誰もが目を向けた直後、「見るな。魂を取られるぞ！」と仲間のひとりが制して顔を逸らす。

邪気のない無防備で無計画な一面を感じる

　水車小屋に若者が集まっていると、どこからともなく出現する「川姫」。美しい女性の姿をした川姫に見惚れた男性は、精気を吸い取られて絶命してしまいます。悲惨な死に様ではあるものの、川姫のキャラは心底から憎めません。精気を吸い取って命を奪う行為が目的ではなく、ただ人間に憧れていたような気がします。川辺で人間たちが楽しそうに遊んでいる輪に入りたかったのではないでしょうか。

　最期は出会った男性にあっさりと斬られて退治されたことからも、邪気のない無防備で無計画な一面を感じます。切なげな儚さを併せ持つ美しい川姫は、さながら怪異界の異端児かもしれませんが、現代にも通じる"強くないキャラの魅力"を内面に備えます。造形の参考にしてみてください。

NO.13

森に現れる樹木の精霊

木霊（こだま）

別名

木魂（こだま）、木精（こだま）、木魅（こだま）、樹魂（こだま）

概要

古い大木に宿るとされる樹木の精霊。もしくは、その木自体を木霊と呼ぶ。山や谷で叫ぶと声が反響する山びこという現象は、木霊が返事をしているのだとする説もある。

特徴・能力・弱点

- 100年以上の長い年月を生きる木に宿る
- 沖縄県に伝わるキジムナーは木霊の一種とされる
- 宿っている木から離れて遠くへ移動することも可能
- 人や獣、火の玉など、さまざまなものに化ける
- 人前に姿を現すことは滅多になく、こっそりと見守っている
- 森や山中をすばやく自由自在に駆け回る
- 木霊の宿る木を切るとそこから血が流れ出す
- 木霊が宿る木を切り倒そうとした者は祟られる
- 捧げものをすると恵みを授けてもらえる
- 『古事記』に登場するククノチノカミは木霊と同一視されている

怪異の特徴を表現する文例

この森の木を伐採して売れば金になる。そういう腹積もりで斧を持ってきたものの、不気味な出来事ばかりが起きる。猪や熊が襲ってきたり、火の玉が出たり。あげくに木を切ると、幹から血が流れてきた。

Point
人間の姿に化ける

Point
宿っている木

大義によっては多少の殺傷が許される場合も

　責務や信条とは、物語の登場人物に必要不可欠な要素。行動原理として展開を牽引すると同時、読者の感情移入を促す作用も兼ねるからです。**責務や信条を包括する大義によっては、多少の殺傷すら許される場合もあります**。公明正大なテーマ性があれば……という限定付きではありますが。

　神木や樹齢の長い木に宿る「木霊」は強い妖力を持ち、木を切り倒す人を祟ります。人間や火の玉に化けて脅すこともあります。さらには木霊が宿る樹木を切ると、切断部から血が流れるといいます。これら所業はすべて森と木を守り抜くため。それが木霊の責務で信条だからです。怪異とはいえ木霊がまっとうする大義は公明正大な正義そのもの。異論を挟む余地はありません。テーマ性がいかに大切か、おわかりいただけるでしょう。

NO.14

赤子を抱いた不気味な怪異

産女（うぶめ）

別名

姑獲鳥、乳母女、ウゴメ、ウグメ、オゴメ

概要

難産の末に亡くなった女性の怪異。中国に伝わる子どもをさらう怪鳥・姑獲鳥（こかくちょう）と同一視され、鳥の姿で描かれることも多い。全国各地に伝承が残されている。

特徴・能力・弱点

- 出産が叶わなかったため、赤子に執着している
- 遭遇すると、赤子を抱くようせがんでくる
- 赤子は徐々に重くなり、身動きがとれないほどになる
- 最後まで重さに耐えた者には怪力が授けられる
- 赤子は木の葉や石塔、藁打ち棒などに変化することも
- 出産途中で亡くなったため、下部が血で染まっている
- 川辺や橋の近くに出没する
- たいてい夜中に姿を現す
- 哀しげに、さめざめと泣いている声が聞こえる
- 「南無阿弥陀仏」と唱えると成仏して消える
- 成仏したことで安産の神様になる場合もある

怪異の特徴を表現する文例

道端に女がいた。腰から下が血まみれだ。目が合った瞬間、「ちょっとこの子を抱いてて」という。断れない妖気を感じて受け取り、驚いた。岩でも抱いているかのようにずんずんと重くなっていくのだ。

Point
姑獲鳥の羽

Point
大事に抱いた
赤子

外見だけでは善悪が判断できない奥深さ

　血まみれで赤子を抱いて彷徨う「産女」と出会って驚かない人はいないでしょう。亡者同然の姿は我が子への一途な情念を放ち続ける、痛々しくも不気味な怪異にしか映りません。そして「この子を抱いて」という頼みを断り切れずに赤子を受け取ると、抜き差しならない事態に。泣かせてしまえば命はありません。しかも赤子は腕のなかでどんどん重くなります。

　ところが、産女は自らの怨念を人間に晴らす悪い怪異ではなく、意外な一面を持ちます。赤子を泣かせることなく重みに耐えて抱き続ければ、怪力を授かって代々自分の子に受け継がれます。家が栄えて長者になるともいわれます。**清濁併せ持つ産女は外見だけで善悪が判断できない奥深さを備え、物語創作ではキャストとして配したい、妙味あるひとりなのです。**

NO.15

人を空腹にさせる妖力を持つ怪異

ヒダル神

別名

ダラシ、ダリ、ダル、行逢神、餓鬼憑き、ジキトリ

概要

峠で飢えて亡くなった旅人の霊とされる。主に西日本を中心に言い伝えが残されており、その名はひもじいを意味する西日本の古い方言「ひだるい」に由来する。

特徴・能力・弱点

- 取り憑いた人間に空腹感や倦怠感をもたらす
- 取り憑かれた人間は一歩も動けないほどフラフラになる
- あまりの空腹感に、最悪そのまま死に至ってしまうことも
- 一口でも何か食べると追い払うことができる
- 手に「米」と書いてなめると消えていなくなる

- 身につけているものをうしろに向かって投げると退散する
- 弁当を食べる前にお箸を一膳捧げると取り憑かれない
- 山道によく出現し、火葬場や海の近くに現れることもある
- 特定の姿形はなく、目に見えないことがほとんど
- 人間のみならず、牛に取り憑く場合もある

怪異の特徴を表現する文例

いきなり空腹状態に陥っていた。背後でヒダル神の笑い声が聞こえる。それで気づく。私は取り憑かれたのだと。でも大丈夫。こんなこともあろうと弁当を残しておいた。すぐに何か食べれば助かる。

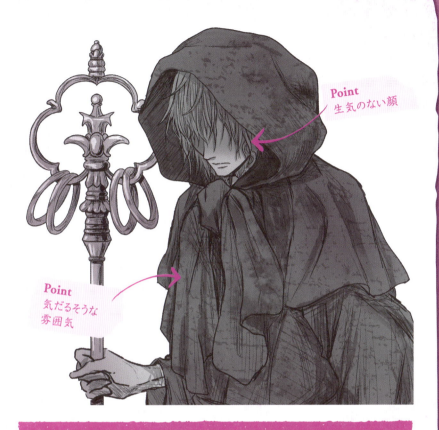

ピンポイント攻撃に独自性を感じる

　「ヒダル神」は山道を歩く人に取り憑いて、お腹をペコペコにする怪異。
　もともとは山での餓死者の怨霊だといわれ、死の際で自分が苦しんだ空腹感や飢餓感を他人にも味わわせようと目論んでいます。取り憑かれて死んだ者もまたヒダル神になるため、旅人の被害は増える一方でした。
　ヒダル神の妖力は特殊です。**直接、魂を抜いたり命を奪ったりするのではなく、相手を腹ペコにするピンポイント攻撃に独自性を感じます。** そしてこのユニークなオリジナリティは、異能者モノの物語創作で大きなヒントとなります。他人が蓄積した〝何か〟を奪い去る力は、自らを強くし、相手を弱らせることができるからです。たとえば、学力や運動能力、睡眠量、さらには各種スキルと、幅広い分野に応用できるでしょう。

NO.16

死者の生前の罪を裁く冥府（めいふ）の王

閻魔大王（えんまだいおう）

別名

閻羅王（えんらおう）、閻魔羅（えんまら）、ヤマラージャ

概要

冥府の王であり、死者の生前の行いを審判し、その善悪を決定する裁判長でもある。ヤマという古代インドの神がモデルで、仏教の伝来とともに日本で知られるようになった。

特徴・能力・弱点

- もともとはこの世ではじめて死に、冥界に入った人間
- じつは地蔵菩薩の化身とされる
- こんにゃくが大好物
- 死者の生前の罪悪について記された「閻魔帳」を持っている
- 傍らにある「浄玻璃の鏡（じょうはりのかがみ）」には死者の生前の行いが映る
- 嘘をついた者の舌を抜く
- 怒ったような威圧的な表情
- 生前によい行いをした者を極楽浄土へと送る
- 生前に悪い行いをした者を地獄に落とす
- 罪人は罪の重さによって8つの地獄のどれかに振り分けられる
- 閻魔大王の部下である獄卒という鬼たちが亡者を苦しめる
- 小野篁（おののたかむら）という現世の役人が閻魔大王の副官として勤めていた

怪異の特徴を表現する文例

眼前の高座にいる閻魔大王がこっちを睨んでいる。俺は悪いことなどしていません！ なぜ地獄に？ 心で訴えた次の瞬間、「お前は無罪だな。現世へ戻ってよし」大王はきっぱり告げ、にやりと笑った。

PART.1 人型の怪異

Point
こわもて
強面な表情

Point
王たる冠

地獄で人を救う地蔵菩薩の化身との説も

　怪異における恐ろしい悪のアイコンといえば「閻魔大王」でしょう。
　地獄の王として死者の生前の罪を裁き、嘘をついた者の舌を抜くのは、あまりに有名な話。一方で、地獄に送られながらも無罪が判明した死者は、この世に戻したり、極楽浄土へ送ったりしたといいます。
　つまり、ただ恐ろしい存在ではなく、誰もに公平な裁きを行うメタ視点を備えた絶対的存在なのです。さらに閻魔大王は、地獄で人を救う地蔵菩薩の化身であるとの説もあります。こうなると悪のアイコンのイメージから一変、奥の深い立派な怪異に思えてきます。じつは〝最初は悪人だと思ったけど本当は善人だった″という印象操作は物語創作における王道技巧のひとつ。奥深いキャラを造形でき、覚えておくと便利です。

NO.17

人の生き血を吸う化け物

吸血鬼

別名

ヴァンパイア、ドラキュラ、バンピール

概要

人の生き血を吸う不老不死の怪物で、死人が蘇って魔物化したという説もある。東ヨーロッパの伝説や神話に多く登場し、その名を広めていった。血を吸われた人間は、吸血鬼と同じ闇の住人になってしまうといわれる。

特徴・能力・弱点

- 人の生き血を糧に生きる
- 血を吸うための鋭い犬歯
- 不老不死で、若い姿のまま生き続ける者が多い
- 日の光を浴びると灰と化す
- 日中は棺桶のなかで眠っている
- 血色感のない真っ白な肌
- 鏡に姿が映らない
- 十字架や聖水のような聖性のあるものに弱い
- ニンニクのような香りの強いものを苦手としている
- 杭で心臓を貫くと死に至る
- 驚くほどの怪力で障害物を破壊し、人間を捕える
- コウモリやオオカミといったさまざまな動物・昆虫に変身する
- 血を吸った人間を同類にする
- 銀製の武器で攻撃されると治癒できず弱体化する

怪異の特徴を表現する文例

「き、君が吸血鬼?」思わず私は叫んだ。霧とともに現れたのは美しい少女だった。赤い瞳で彼女は笑う。そこでハッとした。口から鋭い牙がのぞいていた。迷わず私はポケットのニンニクを握った。

Point 鋭く尖った牙

Point 透き通るような白い肌

PART.1 人型の怪異

美しいルックスを持つ擬人化キャラが容認

　ミステリアスな怪異として、世界中で高い知名度を誇る「吸血鬼」は、イメージ戦略に成功した希少な存在。人間の生き血を吸う生々しくも禍々しい所業を生きる糧としながら、万人に黙認されています。

　その証拠に、吸血鬼は映画や小説といった創作世界で唯一主役を張れる怪異界のスター選手にまで成り上がりました。成功要因はビジュアル訴求にあります。獲物の人間を惹きつけるためか、19世紀以降、美しいルックスを持つ擬人化キャラが容認されるようになったのです。

　多くのファンタジー作品でも吸血鬼をモチーフにしたイケメン・イケジョ怪異が登場し、もはやキャラがひとり歩き状態。よって自身の物語で起用する際は、独自アレンジを施したオリジナリティの追求をお忘れなく。

051

COLUMN 1

人間を感じさせる容姿は
読者の没入感を生みやすい

　たとえば、物語創作でも今が旬のAIロボットは、多くの作品で頻繁に登場します。それらの外見はほぼ人間と同じつくりです。顔立ちも同様、まるで遜色ありません。この設定はいわば〝お約束事項〟であり、今さら突っ込むところでもないのでしょう。

　では「なぜか？」といえば、答えは単純明快。読者が人間である以上、同じ人間の外見のほうが断然、感情移入しやすいからです。これは物語におけるキャラ設定の大前提と理解してください。

　さて、PART.1で解説した17種の怪異はすべて人型です。

　正体が怨霊やお化けであっても、もとは人間だったことを感じさせる容姿をしています。つまり怪異のなかでも、読者の没入感を生みやすいキャラといえます。具体的には、ほかに登場する人間との恋愛関係や友情関係、あるいは疑似親子関係が成立しやすく、読者側からしても違和感を覚えにくい多様な設定が可能となります。

　そこで大切なのは、初出の描写に尽きます。後の展開を考慮しながら、さらには読者目線にどう映るかを十分に計算したうえで容姿の特徴を文章化しましょう。でなければ、いかに人型の怪異といえど、読者受けしにくいキャラとなり、作品の魅力が半減します。

　あざといと感じるかもしれませんが、物語創作は読者ニーズをマーケティングしてこそ、愛される作品に育つことを念頭に置いてください。そしてキャラの容姿とは最重要な要素のひとつなのです。

本章のPOINT

PART.2

それぞれの持つストーリーが個性的で面白い

鬼や神は、日本に深く根づいた怪異です。

子どもの頃、いけないことをして「そんなことをしていたら鬼が来るよ」と叱られた経験がある人もいるのではないでしょうか。また、「鬼は外、福は内」といいながら豆まきをする節分という風習もあります。鬼はまさに、恐ろしいものの象徴として多くの日本人の間に広まっているのです。

とはいえ、**これだけ世に浸透している鬼でも、その姿形は固定観念で語られることもしばしば。**

赤い肌や青い肌をしていて、トラ柄のパンツを穿き、金棒を振りかざしているのが典型的な鬼のイメージで

General remarks

しょう。しかし、そんなステレオタイプなものは少数派であり、実際に言い伝えられている鬼は、それぞれが個性豊かな表情を持っています。

　また、**神に関しては司る対象が異なっているため、特徴や扱える能力は千差万別です**。鬼のような恐ろしい面もあれば、仏のような優しい面を持ち合わせている場合もあります。特徴をしっかり捉えて、創作に活用してみましょう。

　さらに、鬼や神それぞれが持つ背景も創作にはうってつけです。仇に対する憎しみや奮闘の過程など、ストーリー性やバックグラウンドにも注目してみてください。

NO.01

鬼軍団を束ねる最強の鬼

酒呑童子(しゅてんどうじ)

別名

首塚大明神(しゅつかだいみょうじん)、酒天童子(しゅてんどうじ)、酒顛童子(しゅてんどうじ)、朱点童子(しゅてんどうじ)

概要

平安時代に丹波（京都府）の大江山に住んでいたとされ、最強の鬼といわれる鬼軍団の大親分。酒に目がなく、源頼光(みなもとのよりみつ)らに毒入りの酒を飲まされて討たれたという伝承がある。「日本三大妖怪」に数えられる。

特徴・能力・弱点

- 茨木童子(いばらきどうじ)たちを率いた鬼の頭領
- 鬼童丸の父とされる鬼
- 大酒飲みゆえに子分たちからこの名で呼ばれた
- 人の3倍以上の体長で、高い腕力と攻撃力を備える荒くれ者
- 貴族の子女をさらったり、生きたまま食べたりするなど、悪行を働く
- 嵐を起こして都を襲う
- 油断させるために女性に変身するなど、妖術も身につける
- 生まれてすぐに言葉を話し、高い知能を持つ
- 幼い頃から凶暴な性格
- 類まれな美男子で、恋文を送った娘の情念で鬼となる
- 酒につられると油断してしまう
- 生首になっても敵に襲いかかる
- のちに改心し、神として祀られる

怪異の特徴を表現する文例

源頼光には秘策があった。聞けば酒呑童子は大の酒好きだという。ならば変装して鬼どもの棲み処に潜り込み、毒を盛った酒を飲ませればいい。意識を失ったところで首を斬れば確実に成敗できる。

Point
大柄な体格

Point
大好物の酒

PART.2 鬼・神

ダークな過去を払拭すべく強さに目覚める

　「酒呑童子」は持って生まれたスター性で、抜群の知名度を誇る鬼界きっての人気者です。着目すべきは前半生にあります。生後すぐに母親に疎まれ、山中に捨てられました。以降、移り住む先々で苛烈ないじめに遭ったといいます。そんなダークな過去を払拭すべく強さに目覚めて悪逆非道の限りを尽くし、鬼の軍団を率いるボスへと上り詰めます。それでいて見た目は15～6歳に映るイケメンの童顔と、ビジュアル的に恵まれていました。
　大酒飲みで、つねに鬼の仲間をはべらして宴を開いていたのは、心の奥底に抱える孤独感や虚無感を埋めるためだったのかもしれません。
　最強の鬼にして人間臭い一面を備え、どこか憎めない酒呑童子には、ヒーローになり損ねたヒールの儚い魅力がそこかしこで見え隠れします。

057

NO.02

絶世の美少年といわれる鬼

茨木童子(いばらきどうじ)

別名

茨城童子(いばらきどうじ)

概要

酒呑童子(しゅてんどうじ)の一番の手下であったといわれる鬼。渡辺綱(わたなべのつな)を襲った際に片腕を斬り落とされるも、それを取り返したという伝承で知られる。もとは人間だったが、人の血の味の虜(とりこ)となり鬼になる。

特徴・能力・弱点

- 引き取られた床屋の家でわざと人の顔を切り血をすすっていた
- 人間に変身できる妖力があり、美男子ゆえ美女への変身も得意
- 人の倍ほどの背丈
- 人の血を飲むほど角が伸びる
- 宙高く飛び上がるジャンプ力
- 人を襲うなどの悪行を重ねる
- 形勢不利と判断するやいち早く逃げるなど、逃げ足が速い
- 異様な赤子だったため捨てられ、床屋の夫婦に育てられる
- 生まれたときから歯や髪が生えそろうなど、容姿が整っていた
- 幼い頃から体格がよく、大人顔負けの腕力を持つ
- 端麗な容姿で数々の女性に言い寄られ、男性にほれぼれされた
- 経を唱えたり、呪符で守られたりしている者に近づけない

怪異の特徴を表現する文例

「あ」と茨木童子は小声を発した。誤って客の頬を剃刀で切ってしまった。みるみる流れる鮮血が指先に触れ、思わず舌につけて打ち震えた。「な、なんて美味いんだ」それが鬼となるきっかけだった。

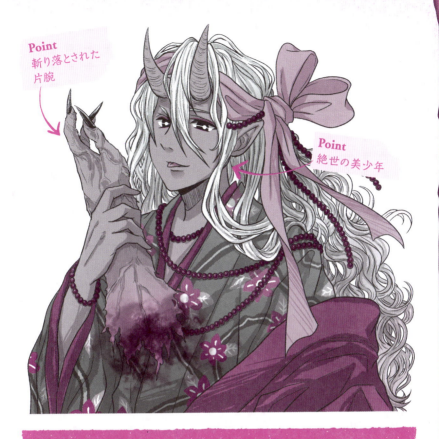

Point 斬り落とされた片腕

Point 絶世の美少年

PART.2 鬼・神

ショッキングな描写はキャラ造形の必須要素

　前頁で解説した酒呑童子の一番の子分が、絶世の美少年と謳われた「茨木童子」。キャラ立ちという点では、ボスに負けず劣らずでしょう。
　酒呑童子を成敗した源頼光の配下に片腕を斬り落とされながらも、それを奪い返して生き延びた伝説は有名です。また、鬼へと覚醒する少年期のエピソードも秀逸です。床屋の夫婦に育てられた茨木童子は、やがて仕事を手伝いますが、誤って客の顔を剃刀で傷つけたとき、垂れてくる鮮血を舐めてその美味しさに目覚め、鬼に成り変わったといいます。
　情景が目に浮かぶようなショッキングな過去の描写は、キャラのイメージを造形するための必須要素。茨木童子は美しくも残忍かつ豪胆な性分を鮮烈に打ち出すことで、酒呑童子と同様、キャラ立ちに成功しています。

NO.03

酒呑童子を親に持つ邪悪な鬼

鬼童丸(きどうまる)

別名

鬼同丸(きどうまる)

概要

酒呑童子の子。酒呑童子を討ち取った源 頼光(みなもとのよりみつ)の弟・頼信(よりのぶ)にわざと捕まり、仇討ちを狙う。運よく頼光が訪れる場所の情報をつかみ、先回りして殺害した牛のなかに潜伏するも、あえなく首をとられた。

特徴・能力・弱点

- 京都府の雲原で生まれ、母親の名は桜御前という
- 退治された父親・酒呑童子の仇討ちに執念を燃やす
- かなりの乱暴者で、暮らしていた山から追放された
- 並外れた怪力の持ち主
- 10歳に満たないうちから獣を狩り、その肉を食らっていた
- 市原野(京都府)の洞窟が住処
- 幼少期に妖術を学んだ
- 巨大な毒蛇を呼び出し、操ることができる
- 烏天狗を使役する
- 鷲を召喚してその背に乗り、空中から攻撃を放つ
- 大雨を降らせて火属性の攻撃を無力化する
- 首を落とされてもなお、胴体を動かすことができる

怪異の特徴を表現する文例

鬼童丸にとって生きる証とは、父を殺害した源頼光に復讐を果たすこと。ただ、それだけだった。しかし頼光は無双の剣豪だ。それゆえ鬼童丸はあえて敵側に捕まって奇襲を仕掛けることにした。

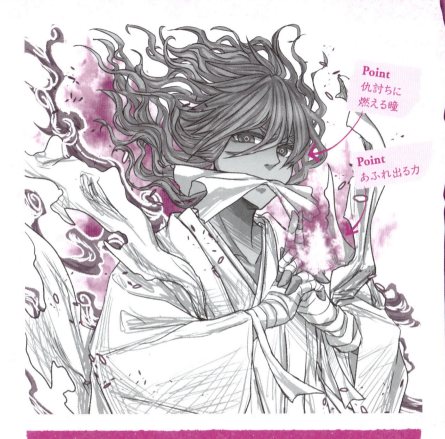

役どころを世襲させればシリーズ化が叶う

　酒呑童子にまつわる鬼伝説の面白さは、茨木童子のような配下キャラの広がりに加え、2代にわたる物語が続く点です。「鬼童丸」は酒呑童子に捕らわれた女性が産んだひとり息子。幼少から並外れた力を持ち、いつしか父親を討ち取った源頼光の殺害に執念を燃やします。ところが百戦錬磨の侍、頼光の策に落ち、あえなく返り討ちにされてしまいました。
　キャラクターが育ち、人気に手応えを感じたとき、さらなる展開を計画的に案じるのは書き手としての戦略的一手です。その際、有効な手立てとして役どころを世襲させれば難なくシリーズ化が叶います。とはいえ、初代のオリジナルキャラ以上のインパクトと魅力をつくり出すことは難しく、相当なクリエイティビティが求められます。胸に留めておきましょう。

NO.04

死の淵から蘇った美しき鬼女

鈴鹿御前（すずかごぜん）

別名

鈴鹿姫（すずかひめ）、鈴鹿神女（すずかしんにょ）、鈴鹿大明神（すずかだいみょうじん）、鈴鹿権現（すずかごんげん）

概要

鈴鹿山に降り立った天女。鬼女とされることもあり、鈴鹿山を拠点にしていた女盗賊・立烏帽子（たてえぼし）が正体という説も。征夷大将軍の坂上田村麻呂（さかのうえのたむらまろ）に協力し、鬼神である大嶽丸（おおたけまる）を退治した。

特徴・能力・弱点

- 美麗な顔立ち
- 敵の懐に入り込み、うまく誘導して狙い通りに動かす
- 剣の腕はかなりのもの
- 神通力で数多の敵兵をものともせず突破する
- 空に浮かんだ雲に乗って泳ぐように飛行する
- 火界の印を結んでたちまち炎を起こす
- 神通の車を出現させ、望む場所へ瞬時に移動する
- 未来を予知し、これから起こる危険を回避する
- 予知能力を活かして味方をサポートすることも可能
- 一度死に至るも、坂上田村麻呂の働きで現世に舞い戻る
- 田村麻呂と結婚し、のちに小りんという子を設ける

怪異の特徴を表現する文例

「大嶽丸を倒すには、3本の宝剣を奪う以外に勝ち目はございませぬ」鈴鹿御前はいい、田村麻呂の目を見つめて続けた。「私も鬼ゆえ大嶽丸の懐に入ることは容易いでしょう。どうかお任せください」

Point 類稀なる美しさ

Point 神々しい風貌

恋の力を体現した普遍的なテーマを描写

　恋に勝る力はない──と謳う物語は、恋愛小説に限りません。そして、恋心で動かされるのは怪異もまた同じなのでしょう。美しき鬼女「鈴鹿御前」は、鬼の大嶽丸討伐を命じられた坂上田村麻呂のために尽力します。自らの美貌を武器に大嶽丸へ近づき、彼の宝剣をだまし取ります。田村麻呂は武器を失って弱体化した大嶽丸を討ち破り、勝利します。直後、鈴鹿御前が死んでしまうも、田村麻呂は冥途へ乗り込み、閻魔大王の許しを得て彼女を現世に連れ戻します。その後、ふたりは夫婦で幸せに暮らします。

　鬼と人間という障害や垣根を超え、互いに助け合うふたりのラブストーリーは、恋の力を体現した普遍的なテーマを描いています。現代ドラマにも通じる王道テンプレのひとつですので、ぜひ参考にしてみてください。

NO.05

おびただしい数の目を持つ鬼

百々目鬼
（どどめき）

別名

とどめき、百目鬼（どうめき）

概要

もとは人間であったが、何度も銭を盗み取り、その数だけ腕に目が生えて鬼となった。当時の銭は形が鳥の目に似ていたことから鳥目と呼ばれ、腕に生えた目は盗んだ銭が張りついてできたとされる。

特徴・能力・弱点

- 生まれつき腕が長く、すらっとしている
- 人間と変わらぬ背丈で、腕が隠れていると判別できない
- 手先が器用で細やかな作業をものともしない
- 手癖が悪く、盗みを幾度となく繰り返す
- 身のこなしが速く風のように立ち消える

- 夜な夜な通行人にまぎれていつの間にか現れている
- 無数の目玉が生えた腕を見せて人を驚かせる
- 凶暴性は低く、襲いかかってくることはない
- 目玉が腕から離れて追いかけてくることも
- 銭の精に取り憑かれた存在、もしくは銭の化身

怪異の特徴を表現する文例

「こ、これは——」両腕に現れた奇怪な目に驚きながらも悟った。盗人として悪事を働くうち、とうとう人間ではなくなり、鬼になったのだと。開き直った百々目鬼はさらに盗みを重ねていった。

PART.2 鬼・神

盗んだ銅銭が悪さを働く腕に取り憑いた

　日本に数多く存在する鬼たちのなかでも、異形なビジュアルで突出しているのが「百々目鬼」です。ご覧の通り、腕に目が張り付いています。もともと人間だった百々目鬼は長い手を使って他人の金を盗んでいました。悪事を重ねるうち目が現れて鬼と化し、金を盗むたびに数が増えていきました。というのも、当時の銅銭は中心に穴が開き、目を彷彿させました。つまり盗んだ銅銭が悪さを働く百々目鬼の腕に取り憑いたのでした。
　じつはこの百々目鬼、江戸時代に多くの怪異画を描いた鳥山石燕という画家の作品に登場する鬼なのです。何より驚かされるのは、腕に目が現れるという発想です。今も昔も、オリジナルキャラを生み出す創意工夫に、クリエイターは多大な努力を費やしていたのでしょう。

065

NO.06

インド神話がルーツの獰猛な鬼

羅刹(らせつ)

別名

羅刹天(らせつてん)、涅哩底王(ねいりていおう)、羅刹鬼(らせつき)

概要

インド神話に登場するラークシャサに由来し、悪を極めた鬼神だった。のちに仏教へ取り入れられると、改心して善神となり、それまでと一転して人々を守る存在へと変化する。

特徴・能力・弱点

- 破壊と滅亡を司る神
- 力が強く、パワーを活かした猛攻で敵に迫る
- すばやさに優れ、俊敏な動きで攻撃をかわす
- 空を自在に飛んで移動する
- 人を惑わし、さらにはその血肉をむさぼる
- 夜になると墓場に現れ、死体や供え物を漁る
- 犬や梟、人など、さまざまな姿に変身する
- 獄卒と同様に、地獄に落ちた亡者をいじめる
- 火を噴き出しながらあとを追いかけてくる
- 毘沙門天(びしゃもんてん)の配下で、仏教の守護神である十二天のひとつ
- 手に持った剣で信仰の邪魔となる煩悩を断ち切る

怪異の特徴を表現する文例

羅刹は自らの心を支配する邪悪な狂暴性を制御できなかった。腹が減れば夜の墓場で死体を貪り、お供え物を盗んで食らう。仏法と信者を守る神の側となる前は、完全に鬼としての性分が勝っていた。

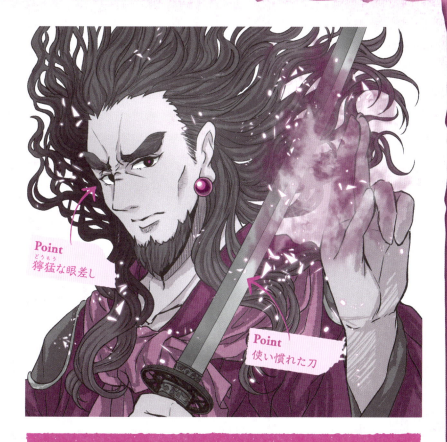

Point
獰猛な眼差し

Point
使い慣れた刀

所業は仏の道に従う守護神とは思えない

　日本の怪異に属しながら、インドをルーツとする鬼がいます。仏教の守護神である毘沙門天の配下の鬼神「羅刹」もそのひとつ。仏の教えと信者を守る鬼神でありながら、一方でその性格は獰猛かつ邪悪。羅刹は破壊と破滅を司る鬼神といわれます。それゆえ墓場で死体を貪ったり、生まれる前の子を殺したりと、その所業は仏の道に従う守護神とは思えません。

　このように善悪が表裏一体となったヒーロー像というのは、古くから存在します。普段は勧善懲悪をモットーとして悪者と戦いながら、何かのトリガーによって悪の側に転じてしまう危うい設定は、読者をハラハラドキドキさせるための常套手段なのです。同時に、そうした人間らしい脆弱さが読者の感情移入を促すスイッチとして機能し、展開を盛り上げます。

NO.07

身長30mの巨大な鬼

大嶽丸(おおたけまる)

別名

大竹丸(おおたけまる)、大だけ丸(おおだけまる)、鬼神魔王(きじんまおう)

概要

鈴鹿山に棲む鬼神。悪さをしていたところ、鈴鹿御前の力を借りた坂上田村麻呂によって討伐された。酒呑童子、玉藻前(たまものまえ)とともに日本三大妖怪のひとつに位置づけられている。

特徴・能力・弱点

- "三明(さんみょう)の剣"という最強の3本の宝剣を所持している
- 身長は30mほど
- 子どもや位の高い青年に化ける
- 鈴鹿山を訪れた人を次々に襲う
- 黒雲を引き寄せ、壮大な暴風雨を巻き起こす
- 火の雨を降らせて辺り一帯を燃やし尽くす
- 雷撃で敵を仕留める
- 氷のような剣や矛をいくつも放ってくる
- 空を飛び回って空中攻撃を仕かけることも可能
- 遠距離攻撃を得意とし、臨機応変に戦略を立てる
- 首を落とされても強い霊力によって生き返る
- 端麗な天女である鈴鹿御前に恋心を抱く

怪異の特徴を表現する文例

大嶽丸は己の執念の凄まじさに感じ入る。鈴鹿御前の謀略もあり、一度は田村麻呂に討ち取られながらもこうして蘇ったのだ。「今度こそは負けぬ!」自らに戒めながら、残る一本の宝剣を握りしめた。

3本の宝剣で天下無双のごとく君臨

　最強クラスの鬼と名高い「大嶽丸」は、強力な妖術に加え、〝三明の剣〟という3本の宝剣を振りかざし、天下無双のごとく君臨しました。坂上田村麻呂との一騎打ちで敗れるのは、鈴鹿御前を解説した63ページで触れた通りですが、じつは後日談があります。一度は討ち取られながらも〝三明の剣〟が1本残っていたため、大嶽丸はその力で蘇ります。よって田村麻呂は再度大嶽丸と対峙し、2度目の戦闘で首を斬って完全勝利するのです。

　鬼vs鬼狩り人間の数々の伝説は多数存在します。鬼が跳躍跋扈する世界観で宿敵を配するのは、いわばお約束事項。**問題はいかにスリリングで手に汗握る戦闘シーンを描くかにかかっています**。そういう観点で、大嶽丸と田村麻呂の因縁の対決は見どころたっぷりです。

NO.08

観音様の化身ともいわれる鬼

両面宿儺(りょうめんすくな)

別名

宿儺様(すくなさま)

概要

武勇に優れた鬼神。もしくは、仁徳(にんとく)天皇の時代、岐阜県の飛騨地方に生を受けた豪族であるともされる。『日本書紀』に記述があるほか、飛騨に多くの伝承が残されている。

特徴・能力・弱点

- 剣や斧、弓といった多彩な武器を駆使して戦う
- 基本は左右両側に2本帯刀し、手には2つの弓を構える
- たくましい肉体を持ち、その腕力は強大
- 身長は3～6mで人家に入れないほど大きい
- 巨体ながらも俊敏性に優れ、身のこなしがすばやい
- 圧倒的な戦闘能力を誇る
- 体の大きさを自在に変化させることができる
- 天皇の命に背き、乱暴して民を苦しめた
- 飛騨では民を守り、導いた英雄として語られる
- 岩山のほら穴に居を構えて暮らしていた
- 本人曰く救世(くせ)観音の化身

怪異の特徴を表現する文例

両面宿儺の戦いぶりは凄絶だった。4本の腕を駆使して刀剣や弓矢を自在に操り、たったひとりで数十人もの官軍(おのの)を次々と討ち取った。その豪気な武勇に四方を囲む兵が慄き、次第に距離を空けていく。

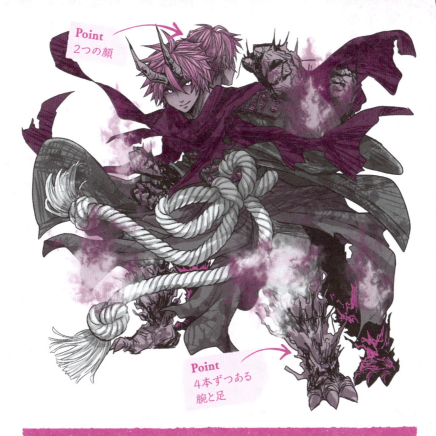

Point
2つの顔

Point
4本ずつある
腕と足

PART.2 鬼・神

鬼の概念を覆す多様性を持つキャラ像

　顔は2つ、腕と足は4本ずつと、一体でふたり分の機能を持つ「両面宿儺」は、いわゆる創造物系鬼神。その名の通り、裏表の両面に顔が備わっており、敵に囲まれようと背後の死角がありません。しかも4本の腕で複数の刀剣や弓矢を扱えるため、戦士として高い戦闘能力を誇ります。その姿形から、伝承地域によっては観音様の化身として崇められました。

　とはいえ、**異形な体躯や構造のクリーチャー型キャラは、戦闘時で異彩を放ちながらも悲愴な死を迎えるのがパターン**。そうした暗黙の了解があるものの、両面宿儺は違います。武勇のみならず神祭の司祭者の顔を持ち、民を中央政権から守った英雄として語り継がれます。鬼の概念を覆す多様性を持つキャラ像は非常に興味深く、主役の側近としてぜひ加えたい存在です。

NO.09

残忍さと慈悲深さを併せ持つ鬼

夜叉(やしゃ)

別名

薬叉(やくしゃ)、夜叉神(やしゃしん)、夜叉明王(やしゃみょうおう)、ヤクシャ、ヤクシニー

概要

古くはインドに伝わる鬼神であり、樹木の精とされる。のちに仏教に取り入れられて、仏法を守る守護神となった。インド美術や仏教美術に姿が描かれているほか、現代の漫画やアニメでも取り上げられている。

特徴・能力・弱点

- 古代インドの残虐かつ凶暴な性質を持つ半神半鬼
- 人に襲いかかり、最後には食べてしまう
- 山や森林に棲む神霊でもあり、恵みを与える存在
- 正反対の性質を備えている
- 仏教に取り入れられてからは、仏法を守護し、人々に恩恵をもたらす神に変化
- 毘沙門天(びしゃもんてん)の眷属で、仏法を守る八部衆のひとつ
- 同じく毘沙門天の眷属である羅刹(らせつ)と同一視されることも
- 恐ろしい異形で見た者を恐怖へと陥れる
- 女の夜叉は美しい容姿と色香で人を惑わせる
- 強靭な足腰を持ち、ある程度スピードも出せる

怪異の特徴を表現する文例

「もう昔の私じゃないわ」夜叉はつぶやき、通りを歩くふたり連れをやり過ごす。仏の道に入ってから、かつての凶暴さは影を潜めた。あれほど残虐を極めた夜叉も神としての自覚が芽生えつつあったのだ。

残忍な鬼と慈悲深い神の顔を持つ

　66ページで解説した羅刹と同様、「夜叉」もインドの怪異をルーツとする毘沙門天の配下の鬼神です。財宝と豊穣を司る守護神でありながら、信仰心のない人を食らう残虐かつ狂暴な性格でした。と、ここまでは羅刹と似た二面性を持つ夜叉ですが、ほかに知られざる面が散見されます。

　夜叉と呼ばれる鬼は、男もいれば女もいます。また、1体ずつというわけではなく複数存在します。善女神として著名な鬼子母神、『西遊記』に登場する沙悟浄も夜叉です。さらには毘沙門天のほか釈迦如来や薬師如来にも仕え、人々を苦悩から救う存在として崇められました。残忍な鬼と慈悲深い神の顔を持つ夜叉は、一概に悪とは言い切れない奥深さを備えた怪異です。ぜひキャラ設定の参考にしてみましょう。

NO.10

須佐之男命から生まれた女神

天逆毎
（あまのざこ）

別名

天逆毎姫
（あまのざこひめ）

概要

荒ぶる日本の女神。須佐之男命（すさのおのみこと）が体内に溜まっていた猛気を吐き出した際に誕生した。性質としては、須佐之男命の荒々しい気性をそのまま受け継いでいる。

特徴・能力・弱点

- 天邪鬼（あまのじゃく）や天狗の祖先とされ、容姿や性格に似た部分がある
- 天の逆気を呑み、独身ながら天魔雄神（あまのさかおのかみ）を産んだ
- ワガママで、すべてを意のままにしたがる
- おとなしく従うことが大嫌いな荒くれ者
- 感情が高ぶりやすく、冷静さのかけらもない
- 並外れた力でいかなるものも投げ飛ばす
- どんなに硬く鋭い武器でもかみ砕いてしまう
- 道理に背き、物事をあべこべにしないと気が済まない
- 尊ぶべき相手に対しても気に食わなければ乱暴する
- 防御も兼ねてしまうような圧倒的な攻撃力が強み

怪異の特徴を表現する文例

天逆毎の怒りが頂点に達した瞬間、まわりにいた神はその場から退散した。気性の粗さと暴力性を知らぬ者はいない。しかも、ひねくれた性格でまともな会話が成立しないとくれば、逃げるしかないのだ。

Point
意思の
強い目もと

Point
天狗を
思わせる翼

まさしく傍若無人な最強女神

　日本神話に登場する英雄で武の神、須佐之男命（86ページにて解説）から生まれた女神「天逆毎」。彼女の資質は親譲りなのでしょう。強靭な力を誇り、どんな硬い刃でも噛み切ってしまう鋭利な牙を持っていました。しかも女神でありながら容姿は獣そのもの。天狗や天邪鬼の親ともいわれています。思い通りに事が進まなければ暴れ狂う気性の荒さで、しかも天邪鬼のように物事をあべこべにしないと気が済まないひねくれ者でした。

　まさしく傍若無人な最強女神です。"ボスキャラは男性"という既成概念は天逆毎には通じません。**敵味方を越えた規格外の存在としてこうした破天荒キャラが登場すると、ストーリーを揺さぶって波乱に満ちた展開を演出できます。**最強キャラを造形する際、参考になること請け合いです。

NO.11

人の意に反するひねくれ者

天邪鬼(あまのじゃく)

別名

あまんじゃく、天の邪古(あまじゃく)、海若(あまのじゃく)、耐董

概要

いたずら好きな鬼。天探女(あまのさぐめ)という神様がルーツとされる。この神様は天若日子(あまのわかひこ)に天から遣わされた雉を射止めるようささやき、その結果自らが放った矢で天若日子は亡くなってしまう。

特徴・能力・弱点

- 人の心を読む
- あえて人の望みとは反対のことをして困らせる
- イタズラを仕かけ、からかい、行動の邪魔をする
- とんだひねくれ者でいうことを聞かない
- 人をだますのが得意
- 被害の規模としては嫌がらせをする程度
- 大きさはさまざまで、山並みの巨体であったり、小型の箱に収まるほど小柄であったりする
- 声マネが上手で、声を使って人を翻弄する
- 物理攻撃よりも精神攻撃タイプ
- 仏教においては煩悩の象徴であり、害を及ぼす敵のような存在
- 民話『瓜子姫』では瓜子姫を殺し、彼女になりすましている

怪異の特徴を表現する文例

「雨が降りそうだね」僕がつぶやくと、天邪鬼は首を振る。「いやいや雨なんか降らないよ。今日はずっと晴れだって」彼の話を聞きながら僕はひそかに確信した。天邪鬼がそういうなら、絶対に雨なのだ。

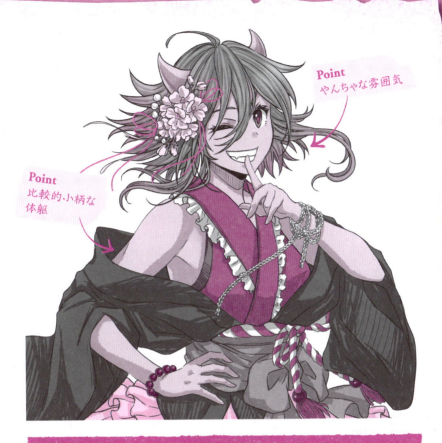

怪異のなかで性格付けがもっとも成功した典型例

　登場人物の性格付けはキャラ立ちと密接に関係し、物語における存在感にまで多大な影響を及ぼします。それくらい大切な創作要素のひとつであると同時に、**性格付けはシンプルなほど絶大な効力を発揮するもの**。
　「天邪鬼」は怪異のなかで性格付けがもっとも成功した典型例かもしれません。人の意に逆らって、みんなと真逆の言動をとるという、いたってシンプルな性格です。鬼一族でありながら体躯は小さく、妖力や凶暴性が顕著なわけでもなく、ただのひねくれた小者。それでいて知名度は鬼一族でトップクラスです。もともとは神様だったという説もある天邪鬼は、仏教の世界からも敵として蔑まれています。登場人物のひとりに憑依させれば、間違いなくキャラ立ちして独自の存在感を放つでしょう。

NO.12

天逆毎を母に持つ狂暴な神

天魔雄神
あまのさかおのかみ

別名

天魔雄命
あまのさかおのかみ

概要

天逆毎がひとりきりで産んだ子。『和漢三才図会』にその出生が記されている。また、鳥山石燕の『今昔画図続百鬼』には、天逆毎が天魔雄神を脇に抱えている様子が描かれている。

特徴・能力・弱点

- 神々の命にまったく従わない反抗的な性格
- 母親である天逆毎と似て、手がつけられないほどの暴れん坊
- 思いやりを持って行動することがなく、非行に走る
- 行いが赦され、天祖によって天界の王に任命される
- 乱暴で服従しない神たちのトップとして君臨

- 天逆毎とともに暴れ回り、人々に危害を加える
- 人の心を乱して弱い部分につけ込み惑わす
- 賢い者であっても巧みに誑かされてしまう
- 愚かな者はうまく乗せられ、利用される
- 下につく神たちも乱暴を極めており、人の心に取り憑く

怪異の特徴を表現する文例

ああ、またしても天魔雄神さまがご乱心じゃ……側近の神々はため息をつく。ちょっとでも思い通りにならなければ暴れ回るあの性格が母親譲りだと知らぬ神はいない。しかも小狡いので、さらにたちが悪い。

Point
すべてを荒らし
尽くす力

Point
母親の天逆毎に
似た容姿

天狗や天邪鬼の親ともいわれる天逆毎の息子

　前述した傍若無人な最強女神、天逆毎の息子が「天魔雄神」です。
　あの親にしてこの子あり、というのでしょう。
　何しろ天狗や天邪鬼の親ともいわれる天逆毎の息子です。暴走キャラぶりは母譲り。あちこちで暴れ回ったあげくに九天の王となり、荒ぶる神や逆らう神はみな天魔雄神に属したといいます。さらには賢者をたかぶらせ、愚者を迷わせ、人の心に取り憑いては気持ちを乱しました。つまるところ、どうしようもない愚息として大いに世を錯乱させた魔神なのです。
　ルーツに紐解いて二世の人物像を構築すると、ブレにくい性格付けが可能であるものの、よほどのエピソードや逸話を盛り込まなければ親のインパクトに及びません。 二世キャラを描く際は、この点に留意してください。

NO.13

恐怖とは正反対に位置する鬼

三吉鬼(さんきちおに)

別名

みよしさま、みよしじん

概要

古くから秋田に伝わる鬼。秋田県の大平山に棲まう鬼神・三吉(みよし)様がその原型ではないかとされている。この三吉様、もとは太平の城主で名を鶴寿丸(つるじゅまる)藤原三吉といい、彼を妬む者に追い込まれて大平山へと篭った。

特徴・能力・弱点

- 山に棲んでおり、たまに人里へ降りてくる
- 酒屋でたらふく酒を飲んでは代金を払わずに帰っていく
- 酒代を請求しなければ、のちに対価以上の薪を届けてくれる
- 酒代を請求すれば、何かよくないことが起こる
- 酒を供えてお願いすれば、代わりに力仕事を引き受けてくれる
- 相当な力持ちで、土木系の作業が得意
- 直接危害を加えることはなく、凶暴性は低い
- 弱い立場の者や困っている者には優しく手助けする
- もらった酒のお返しを忘れない律儀な性格
- 昔はたびたび出没していたが、ぱたりと姿を見せなくなった

怪異の特徴を表現する文例

「ささ、どんどん飲んでくれ」と店主は三吉鬼に酒を注ぐ。ちょうど店の屋根が壊れて雨漏りしていた。三吉鬼に酒を奢れば、明日の朝には直っているに違いない。そう考えれば酒代など安いものだ。

PART.2 鬼・神

Point
人里の酒屋で飲む酒

Point
村人に紛れる身なり

律儀で義理堅い性格から村人の人気者

　十人十色とは物語の登場人物たちを表すにふさわしい語彙といえます。創作の大原則として、作中人物の性格や特徴は誰ひとりとして被ってはいけないからです。鬼も然り。本パートでご紹介する鬼たちは、誰もが際立った個性を持っています。なかでも「三吉鬼」は独特です。酒が大好きで、酒さえ飲ませれば、お礼にどんな願いも叶えてくれる鬼なのです。ある家では酒代の10倍に相当する薪が置いてあったり、ある家では一夜のうちに庭仕事を終えていたりと、律儀で義理堅い性格から村人の人気者でした。
　悪党一味のなかにひとりだけ人格者の善人を配置すれば、窮地の主人公を救う役として有用です。同様に、三吉鬼みたいなお人好しのレアキャラ鬼を登場人物に加えておけば、何かと重宝する役どころとなるでしょう。

NO.14

嫉妬に狂って鬼と化した貴族の子女

橋姫（はしひめ）

別名

瀬織津比咩（せおりつひめ）、瀬織津姫（せおりつひめ）

概要

橋の守り神。特に宇治の橋姫が有名で、平安時代の『古今和歌集』にも記されている。また『源平盛衰記』では鬼女として描かれ、結婚の約束をしていた男性がほかの女性と結婚してしまい、怒りの末に鬼と化した。

特徴・能力・弱点

- もとは貴族の子女で、位の高い家柄の生まれ
- 非常に嫉妬深く、約束を反故にされると許さない
- 呪術に長け、自分を裏切った人間とその一族を呪い殺す
- 藁人形に釘を打ち込んで特定の人物を呪う「丑の刻参り」のルーツ
- 神のお告げ通り川に浸かり続け、生きたまま鬼化
- 鬼化すると獰猛性が増し、誰彼かまわず殺しにかかる
- 夜になると出没し、襲う人間を探して街を徘徊する
- 決断力と実行力に優れ、なんとしてでも目的を達成する
- 怒らせると何をするかわからないため、慎重な扱いが必要
- 縁切りの神様として祀られ、悪縁を断ち切ってくれる

怪異の特徴を表現する文例

「許さん！　絶対に殺してやる！」激怒のあまり叫んだ女の言葉は嘘ではなかった。婚約者がほかの女の結婚したため、両者を惨殺してしまった。以来、橋姫という鬼と化し、多くの人間を殺傷した。

怨念があらゆる悪果の起点となる

　感情がマックスに達した瞬間をトリガーとして、その人物を激変させるのは物語創作における定石手法のひとつ。嫉妬深い性格から、激怒のあまり生きながらにして鬼女と化した「橋姫」は、夫を横取りされたため、爆発した感情の赴くままに多くの人を殺めた狂暴な怪異として知られます。そして男を殺すときは女の姿、女を殺すときは男の姿になったといいます。

　討伐後は彼女の魂を畏怖する人々よって、京都府宇治川の宇治橋に祀られ、以降は外敵の侵入を防ぐ守護神・橋姫として崇められました。

　嫉妬や憎悪などのネガティブで激しい情念は、時として人を狂わせ、恐ろしい災禍を招きます。ホラーものでは怨念があらゆる悪果の起点となるように、負の感情に着目すればさまざまなストーリー展開が考えられます。

NO.15

桃太郎伝説の原型とされている鬼

温羅(うら)

別名

吉備冠者(きびのかじゃ)、鬼神(きじん)、艮御崎神(うしとらおんざき)、おんら

概要

吉備（岡山県）の鬼ノ城(きのじょう)を拠点にしていた鬼。悪事を重ねていたところ、弓の名手でもある吉備津彦命(きびつひこのみこと)に退治された。この温羅退治の伝説は『桃太郎』の原型になったという説もある。

特徴・能力・弱点

- 『桃太郎』に登場する鬼のモデルとされる
- 海の向こう、朝鮮の百済(くだら)からやって来た
- 巨体で、身の丈は1丈4尺(約4m24cm)もある
- 怪力で腕っぷしが強く、見た目通りのパワータイプ
- 凶暴で気性が荒っぽく、略奪をくり返していた
- 歯向かう者を釜で茹でたあげく食べてしまう
- 追い込まれると雉や鯉に化けて姿をくらませる
- 戦闘能力はずば抜けて高いが、防御力はそこまで高くない
- 首だけ、骨だけの状態になっても唸り声を上げ続ける
- 最終的には吉凶を占う神となり、釜を鳴らして結果を告げる

怪異の特徴を表現する文例

吉備津彦命は悪の限りを尽くした温羅の首を見事はねて串刺しにした。朝廷から褒美を賜り、ますます名将としての名を馳せた吉備津彦命だったが、異形の鬼と呼ばれる温羅の憤怒と無念は消えなかった。

PART.2 鬼・神

Point
主な武器である弓

Point
がっしりした体

斬られた首が13年間も唸り声を上げ続けた

　『桃太郎』の原型といわれているのが、狂暴な鬼「温羅」と吉備津彦命の戦いです。異国から日本へと住み着いた温羅が暴虐の限りを尽くしたため、討伐の命を受けた吉備津彦命が首をはねて成敗します。『桃太郎』ならめでたしめでたしで終わりますが、じつは続きが。土に埋められた温羅の首が13年間も唸り声を上げたのです。ある夜、吉備津彦命の夢に温羅が現れ、「わしの妻に釜殿を炊かせよ」と告げます。以来、釜の鳴る音で温羅の首は吉凶を占うようになり、神事を執り行う神へと変わりました。

　物語に書かれるエピソードは、本筋に直接関係のない興味深い挿話を指しますが、『桃太郎』には意外な展開へといざなう後日譚がありました。内容次第でエピソードが物語の印象を大きく変えてしまう好例です。

NO.16

太陽神・天照大御神の弟

須佐之男命

別名

スサノオ、建速須佐之男命、須佐能男命、神須佐之袁命、素戔鳴尊

概要

日本神話に登場するイザナギが鼻を洗ったときに生まれた子であり、暴風雨を司る神。姉は天照大御神。乱暴を働いて高天原から追放されたのち、出雲へと降りて八俣大蛇を退治する。

特徴・能力・弱点

- 暴風雨を司り、激しい風で厄をも吹き払う
- 海原を統べる神、また破壊神としても知られている
- 高天原から追放されるほど荒々しい乱暴者
- 頭がよく、効率的な戦術を用いて敵を倒す
- 正義感が強いという一面も持ち合わせている

- 八俣大蛇を酒に酔わせて眠らせ、その隙に退治する
- 八俣大蛇の尾から出てきた天叢雲剣を天照大御神に献上
- 櫛名田比売と結婚し、出雲の須我に住まいとなる宮をつくった
- 日本ではじめて和歌を詠み、それが神話に残されている
- 須佐之男命と櫛名田比売の間に生まれたのが八島士奴美神

怪異の特徴を表現する文例

聞けば、大蛇がこの美しい女子を攫いにくるという。須佐之男命の気持ちは昂っていた。これほどの汚名挽回の機会はないからだ。しかも娘を助ければ嫁にしてもいいという。よし、この俺が成敗してくれよう。

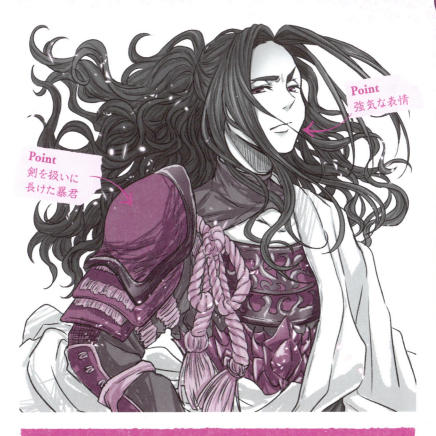

大蛇ヤマタノオロチを退治した神話で有名に

　太陽神・天照大御神の弟として生まれた「須佐之男命」、通称スサノオは厄払いの神様として日本神話に登場します。

　有名なエピソードは、8つの頭と尾を持つ大蛇八俣大蛇を退治した話です。美しい女神・櫛名田比売を救うため、禍々しき大蛇を成敗した須佐之男命は勇敢な英雄として、武の神として崇められました。

　その後、須佐之男命は櫛名田比売と結ばれて結婚します。

　ここでお気づきの方も多いはず。英雄が忌まわしき怪物を退治して乙女を救い結ばれるという王道展開は、日本神話が生まれた時代からすでに出来上がっていました。同様のストーリーはギリシャ神話でも多々見受けられます。すなわち、王道の物語に国境も時代も関係ないということです。

COLUMN 2

神の領域まで高めると
味方の勝利が見えなくなる

　数ある怪異の系統で、突出して強大な力を誇るのが鬼軍団と神々のチームです。PART.2で登場したこれらの怪異は、圧倒的なパワフルさで敵をなぎ倒し、傍若無人の限りを尽くします。

　鬼の軍団に至っては、多くの罪のない人間をさらって食べるなど目に余る凶暴さです。さらに夜叉や羅刹は悪業を繰り返しながらも、一方では仏教の守護神として崇められ、もはや善悪の境を無視してやりたい放題です。厄払いの神様、須佐之男命も負けてません。破壊神という別顔を持ち、暴風雨を引き起こして暴れ回ります。彼の血を継ぐ天逆毎や天魔雄命も破天荒な素行で名を馳せました。

　ファンタジーをはじめ、多くのフィクション物語では、こうした無双系ヒールが頻繁に起用されます。とりわけ鬼軍団や神々のチームをモチーフとした作品は多く、数多のジャンルに登場します。その理由は、知名度が高いことに加えて、強烈な個性と妖力を持つゆえキャラ像を確立しやすく、ビジュアル的にも絵になるからです。

　とはいえ、物語に起用する際には注意が必要。伝承のままのパワフルさを鵜呑みにして、最強キャラに設定すべきではありません。

　特に神の領域までポジションを高めてしまうと、撃破ハードルが上がりすぎて味方の勝利が見えにくくなります。こうなると物語は破綻を迎えます。どんな無双系ヒールでも、持つ力に制限事項や発動条件を設けて弱点を用意しましょう。これが鉄則です。

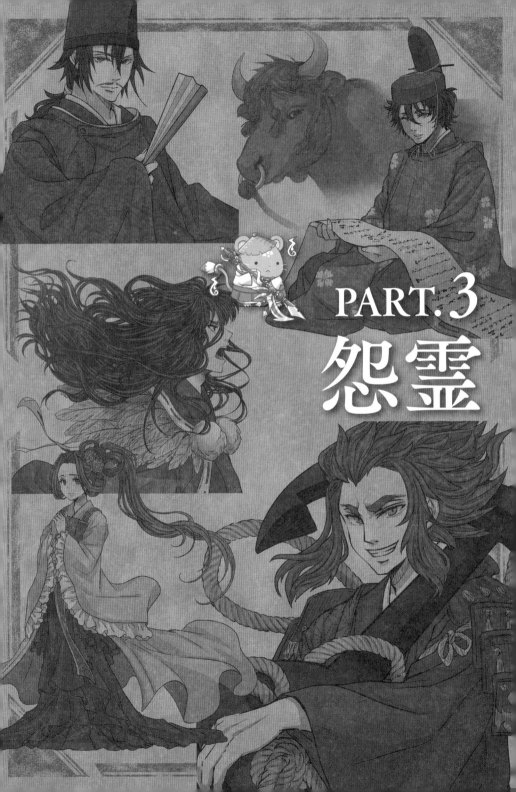

本章のPOINT

PART.3

ゾッとするような
リアルさを演出できる

　怨霊という存在は何をしでかすかわかりません。**なんといっても、〝祟り〟というリアルな怖さが魅力です。**

　人を呪い殺したり、天変地異を起こしたり、人間にはどうすることもできないような災厄をもたらします。古くから、不可解な出来事や人の域を超えた事象の元凶として捉えられてきました。

　それだけ恐ろしいパワーを有する怨霊ですが、元々は人間です。生きている間に不幸に苛まれ、すさまじい恨みを抱えたまま死に至り、怨霊と化して憎むべき相手、はたまた罪のない者にまで襲いかかるようになります。

　この〝怨霊化するほどの恨み〟が、創作において重要

General remarks

なポイントとなるでしょう。

　思惑うずまく人間ドラマを経た怨霊は創作モチーフにピッタリ。怨霊となるに至った経緯を深掘りして描けば、それだけ物語に奥ゆきが出てきます。

　つまり、**書いていてなんだかもの足りなさを感じたときは、怨霊に頼ってみるのもひとつの手なのです**。より濃く、ドラマ性にあふれた、趣あるストーリーを組み立てることが可能となります。

　人間味のある怨霊の特性をうまくつかみ、リアルで背筋がゾッとするような、妖怪や鬼とはまた一風違った怖さを自分なりに表現してみましょう。

NO.01

死後も祟りが続いた最恐の怨霊

菅原道真(すがわらのみちざね)

別名

天満大自在天神(てんまんだいじざいてんじん)、日本太政威徳天(にほんだじょういとくてん)、火雷天神(からいてんじん)、北野天満宮天神(きたのてんまんぐうてんじん)、実道権現(じつどうごんげん)

概要

異例の出世を遂げるも、いわれのない罪で大宰府へと左遷。無念のまま死去する。その後策略に加担した者たちが次々と亡くなり、また天変地異が続き、道真の祟りだといわれた。その後、雷神になり復讐を果たした。

特徴・能力・弱点

- 中級貴族の学者の家に生まれる
- 学問に秀で、難関を突破したエリート中のエリート
- 和歌を詠むのもうまく、芸の才能があった
- 宇多天皇の右腕として活躍
- 遣唐使制度の終了を提案
- 学者から役人へと異例の出世
- 出世により周囲から妬まれ、敵が多い状態
- 藤原氏に貶められ、無実の罪で左遷されたのちに死去
- 霊となって青龍の姿に変身
- 仇を変死させる
- 雷を朝議中の御所に直撃させ「清涼殿落雷事件」を起こす
- 日照り続きにして渇水を招く
- 大雨を降らせて大洪水に
- 疫病を流行させる
- 今では学問や芸能の神様に

怪異の特徴を表現する文例

宮廷内では不穏な噂ばかりが蔓延した。菅原道真が絶命した翌年、未曾有の干ばつ被害が日本各所を襲ったかと思うと、疫病や天変地異が連続した。さらに藤原時平(ふじわらのときひら)が病死した。これは祟りに違いない。

執拗な復讐劇を終焉させるべく神社に祀る

　幼少より学問の才を発揮して神童と呼ばれた「菅原道真」。今では〝学問の神様〟として敬われますが、伝承では神とはほど遠い最強怨霊でした。
　事の発端は無実の罪を着せられ、囚人同様の扱いで左遷させられたこと。2年後に非業の死を遂げ、以降、さまざまな災いが続発します。各地で干ばつが発生、疫病が大流行し、道真を死に追いやった藤原時平は39歳の若さで死亡。さらに宮廷に雷が落ちて左遷に関与した貴族たちが絶命。ついには醍醐天皇まで病死し、執拗な復讐劇を終焉させるべく神社に〝学問の神様〟として祀り上げました。**天才は紙一重といわれますが、キレたらヤバいキャラを死んでも実践した道真の執念はまさに神的**。生前と死後のギャップの激しさも、ある意味、怪異ストーリーとしては完璧な展開です。

NO.02

今も恐れられている将門の呪い

平将門
たいらのまさかど

別名

豊田小次郎、相馬小次郎、滝口小次郎

概要

内輪揉めにより戦いを繰り返し、連戦連勝を収めた武士。下総国猿島郡（茨城県）と豊田郡（茨城県）を本拠地としていた。その後朝廷と敵対し、一時は優勢を保つも討伐されてしまう。

特徴・能力・弱点

- 圧倒的な武力を誇る実力者
- 反りのある日本刀をはじめてつくらせたといわれる人物
- 天皇に対抗して、自らを東国の〝新皇〟と名乗る
- 6、7人の影武者がおり、どれも本物そっくり
- 影武者には影がない
- 体はほとんど鉄でできており、こめかみだけが生身で弱点
- 身長は2mほどある
- 討たれ、首だけになっても腐らずに生き生きとしゃべる
- 首級は夜になると空に浮かび、胴体を求めて飛んでいく
- 将門の手下である文屋好立は、死ぬと巨大などくろへ変化
- 疫病を大流行させる
- 将門の怨霊の力は結界としても利用可能

怪異の特徴を表現する文例

事の発端は、さらし首の刑に処した将門の首が生きているかのごとく双眸を見開いたままだったことだ。しかも、いつの頃からか首は叫び続けた。「斬られた胴体はどこにある？　早く持って来い！」と。

Point
怨念に端を発する強い妖力

Point
戦死を物語る鎧姿

死こそ怪奇物語の幕開けとする王道設定

　恐怖満載の「平将門」の後日譚には現代ホラーの礎的な要素が散見されます。まずは斬られた首。京で晒されるも何カ月経とうが腐敗せず、夜毎に恨み辛みを語り出し、しかも両目は見開いたまま。あげくには離れた胴体を求め、首が関東まで飛んでいったといいます。それから1000年以上が経過した東京都・大手町。当時、大蔵省仮庁舎を建てるため〝将門塚〟を取り壊したところ、大臣をはじめ関係者が次々と急逝。以来、移転を計画すると不吉な事件が起き、今もその怨霊を鎮める慰霊祭が行われています。
　飽くなき怨念の祟りに着目し、死こそ怪奇物語の幕開けとするのはホラーの王道設定。将門はその代表例といえるでしょう。ただし、生前にフラグをしっかり立てて、激しい恨み辛みを構築することをお忘れなく。

NO.03

自らの意思で怪異になった皇族

崇徳上皇(すとくじょうこう)

別名

顕仁(あきひと)、崇徳天皇(すとくてんのう)、崇徳院(すとくいん)、讃岐院(さぬきいん)

概要

鳥羽天皇と藤原璋子(ふじわらのしょうし)の子として生まれるが、不義の子という説もあり父親である鳥羽天皇からは好かれていなかった。保元の乱の首謀者として捕らえられ、讃岐国(さぬきのくに)に流される。

特徴・能力・弱点

- 最恐といわれる怨霊
- 和歌の才能に恵まれ、詠んだ歌は百人一首にも選出
- じつは鳥羽天皇の祖父である白河院の子だとされ、"叔父子(おじこ)"と呼ばれて疎まれた
- 親兄弟との関係は破綻し、冷遇されっぱなし
- もとは優しい性格で攻撃性は見られない
- 指を傷つけ、その血で写経
- 自らの舌をかみ切り、流れ出る血で恨みごとを書き足す
- 死に際に自らの意志で怨霊となって復讐することを決意
- 生きながら天狗と化す
- 怨霊となり、京都の3分の1が焼けるほどの大火事を起こす
- 洪水と飢饉を立て続けに引き起こし苦しめる

怪異の特徴を表現する文例

戦の犠牲となった仲間の供養と自らへの戒めのため、崇徳上皇は5つの写本を仕上げた。だが後白河上皇は受け取らなかった。崇徳上皇は怒りのあまり、己の舌を噛み切った血で呪いを写本に書き綴った。

生きながら自らの意思で怪異に変容

　振れ幅が大きい両極端なキャラは何をしでかすかわからない恐ろしさを秘めます。読者からすればハラハラドキドキを与えてくれる見逃せない要注意人物といえるでしょう。「崇徳上皇」はまさにそんなお人。もとは優しい性格で、和歌の才に恵まれた文人でした。ところが弟の後白河天皇との権力争いに敗れ、歯車が狂います。自ら綴った写本を拒否されて逆ギレ。「妖怪になって無念を晴らす」と、爪と髪を伸ばし続け、天狗に生まれ変わりました。つまり、**成仏できずに怪異になったわけではなく、生きながら自らの意思で怪異に変容したのです**。その後は呪いによって天皇家と日本を震撼させる事件を続発させました。天皇から天狗となった崇徳上皇の生き様は、悪役へと**堕**ちていく哀しくも激烈なテンプレを体現しています。

NO.04

怨霊になった女性皇族

井上内親王

別名

井上廃后、吉野皇太后

概要

聖武天皇の娘であり、光仁天皇の皇后。天皇である夫を長年にわたり呪詛したという冤罪をかけられ、息子の他戸親王とともに位を剥奪される。流罪となって大和国宇智郡(奈良県)に幽閉され、1年半後母子は同日に死去した。

特徴・能力・弱点

- 日本で史上はじめて怨霊となった女性皇族
- 愛情深く、安産の神様でもある
- 幼少期から長年、世俗から離れた伊勢の斎宮で暮らす
- 幸せな人生を送るも、最後には流刑・幽閉され転落
- 息子の他戸親王と同日に亡くなっていることから、ふたりは暗殺されたと見られる

- 幽閉されている間に雷神を身ごもり出産
- 怨念の力によって龍へと変化し暴れ回る
- 暴風雨を巻き起こし、多大な被害をもたらす
- 20日間、毎夜瓦や石、土塊を空から落下させる
- 恵みの雨を降らせず、川の水を枯らす

怪異の特徴を表現する文例

「光仁天皇を呪い殺そうとした罪は重いぞ」との言いがかりに反対意見を述べる者はいない。これは朝廷内部で起きている皇位継承者争いの謀略だと井上内親王は気づいたが、もはや打つ手はなかった。

Point 子を案ずる不安げな面差し

Point 貴族らしい華やかな衣

PART.3 怨霊

彼女にだけ謀略の魔の手が伸びていたなら？

　妻ではなく、母として生きた「井上内親王」は、怨霊と化しながらも悲哀に満ちた物語の主人公です。結婚当初は幸せな日々を送るも皇位継承争いに巻き込まれ、息子ともども流刑、幽閉されて謎の死を遂げます。

　死後、怨念の力で龍に生まれ変わった彼女は天変地異を起こして暴れ回り、ついには夫だった光仁天皇の心を追い詰めて復讐を果たします。

　日本史上初、怨霊と化した女性皇族の井上内親王。もし、息子がいなくて彼女にだけ謀略の魔の手が伸びていたなら、どうなっていたでしょう？おそらくは龍となって復讐行為に出るほどの憤怒は生まれなかったはず。

　母は強しとの名言がありますが、怒りの根源を紐解けば「なぜ事件は起きたのか」という〝ホワイダニット〟がおのずと見えてきます。

NO.05

入水し没したのちに怨霊になった男

平知盛（たいらのとももり）

別名

新中納言（しんちゅうなごん）

概要

平清盛（たいらのきよもり）の4男で、才能あふれる武将。平家が栄華を極めた時代、平家一門の頭領となった3男・宗盛の補佐として才覚をふるう。しかし最後には敵対する源氏に追い詰められ、壇ノ浦の戦いで入水し没した。

特徴・能力・弱点

- 頭脳明晰で、考え抜いた戦略により戦いを勝利に導く
- 武芸に優れ、和歌や舞もたしなむ多才な武将
- 洞察力が高いうえに一歩踏み出す勇ましさも兼ね備える
- 情に厚く、周囲の人を大切にする人間味あふれる性格
- 平清盛の最愛の子で、なかなか戦に出してもらえなかった
- 源氏に敗れたのち、「見るべきほどの事は見つ」という言葉を残して潔く海へと入水
- 怨霊と化し、平家一門滅亡の仇である源義経（みなもとのよしつね）を狙う
- 大物浦（だいもつのうら）に店を構える渡海屋（とかいや）の主人・銀平に扮装
- 薙刀を片手に、源義経を引きずり込もうと荒れ狂う海上に出現
- 武蔵坊弁慶の祈祷によって鎮魂

怪異の特徴を表現する文例

平知盛はいかりを担いで入水自殺したはずなのに、源義経には不穏な影が付き纏った。西国落ちを決意して船出すると、突如風が吹き荒れ、雷鳴と共に高波のなかから平家の亡霊が続々と襲ってきた。

Point
武将らしさの漂う鎧

Point
知盛とともに
海底に沈んだ碇

死して武将の責務をまっとうした一途な念

　秀でた武将であり、平家の秘蔵っ子として育てられた「平知盛」は、真っすぐで一途な性格でした。ゆえに壇ノ浦で敗れて入水自殺した無念は計り知れないものだったはず。平家が滅亡に至る瞬間でもあったからです。あるいはその事実を胸に秘め、復讐を誓っていたに違いありません。知盛の霊は平家を討ち破った源義経を虎視眈々と監視しました。そして義経率いる船団が海を渡った際に暴風雨で行く手を阻み、義経を引きずり込むため荒れ狂う海上に出現しました。豪将・義経のあっけない末路は、知盛の怨霊に仇を討たれたといわれ、死して武将の責務をまっとうした知盛の一途な念は、源平合戦の番外編的エピローグで大どんでん返しを成功させます。**史実に怪異を絡ませたストーリーテリングの代表例といえるでしょう。**

NO.06

強大な妖力を操る崇徳上皇の孫

後鳥羽上皇

別名

後鳥羽天皇、顕徳院、後鳥羽院、隠岐院

概要

後白河法皇の院政のもと、4歳で天皇に即位した。類稀なる歌の才能の持ち主で、『新古今和歌集』の編纂を命じたことで知られている。また鎌倉幕府の勢力増大に対抗し、朝廷の権力回復に努めた。

特徴・能力・弱点

- "歌聖"と称されるほどの、中世きっての和歌の腕前
- 歌のみならず、蹴鞠や流鏑馬、笠懸、競馬などのさまざまな分野に精通した万能の天才
- 天皇の証である三種の神器なしで即位した、史上初の天皇
- 19歳で息子に位を譲り、院政で実権を握る"治天の君"として倒幕を目論む

- 自ら作刀するほどの刀剣マニア
- 史上最強の怨霊といわれる崇徳上皇の弟・後白河上皇の孫
- 承久の乱で敗れ、京から隠岐へと流される
- 怨念の力で恨めしい人物を死に至らしめる
- 空に彗星を出現させる
- 大火を起こして火の海にする
- 寒冷による大凶作で飢えさせる

怪異の特徴を表現する文例

「魔縁（怪異）となって、この世に災いをもたらしてやる！」という捨て台詞を吐き、後鳥羽上皇は島流し先で崩御した。その言葉通り、後鳥羽上皇を追い詰めた武将たちが次々と謎の死を遂げてゆく。

Point
有能さが垣間見える顔つき

Point
天皇時代の姿

次々と波乱を巻き起こす必須の存在

　ご乱心気味のラスボスは敵として重宝される役どころ。自分が一番偉いと信じ込む唯我独尊タイプなので、ハチャメチャな決断と行動で世に混乱を招きます。幕府に無謀な戦いを挑んで大敗を喫した「後鳥羽上皇」もその類い。戦に負けた無念のあまり、自ら怪異になることを断言し、怨霊と化して主だった敵に復讐します。さらに強大な妖力を駆使して空に彗星を出現させたり、鎌倉を火の海にしたりと、やりたい放題。**平知盛の怨念が一族への一途な念から生じたものなら、後鳥羽上皇のそれは自分勝手な邪念の塊**。それもそもはず。史上最強の怨霊、崇徳上皇の孫なのです。後鳥羽上皇のような筋金入りの悪は、物語において次々と波乱を巻き起こす必須の存在。徹頭徹尾、悪く描いてこそ正義の魅力が光ります。

COLUMN 3

まさしく呪いがかった
負の連鎖ですが……

　まるで定型パターンが存在するかのように、平安時代における怨霊の復讐劇は枚挙にいとまがありません。名将や傑物の無念の死後には、陰惨な謎の事件が続発しています。

　なかでもPART.3で解説した6人の死後に起こった奇々怪々な出来事は、ホラー映画に匹敵するほどの本格的な怪奇現象ばかり。天変地異や異形の災禍によって、彼らを追い込んだ主犯格や関係者が次々と急逝し、まさしく呪いがかった負の連鎖といえます。

　ですが、お読みになった方ならおわかりでしょう。本章で扱った怨霊は、ほかの章に登場する怪異とは少々毛色が異なります。

　まず、怪異としてのビジュアル的実態がないということ。あくまで怨霊という定義で、鬼や妖怪のように怪異として存在しません。

　また、加害者側を巻き込む怪奇現象が頻発しながらも、真実を実証する伝承までは存在しません。あくまで推論の域を出ていないようで、説得力という観点では令和の現代でいかがなものでしょう。

　といいつつも怨霊を否定するわけではありません。私自身、霊は必ず存在し、現世に何らかの影響を及ぼしていると信じています。

　しかし、物語創作となれば話は別。映像や音響に頼らない文字表現だけの小説で、怨霊をメイン素材として一作品を仕上げるには、相当の文章表現力とプロット構成力と豊富な語彙力が備わってなければ、ちょっと荷が重いかなと感じてしまいます。

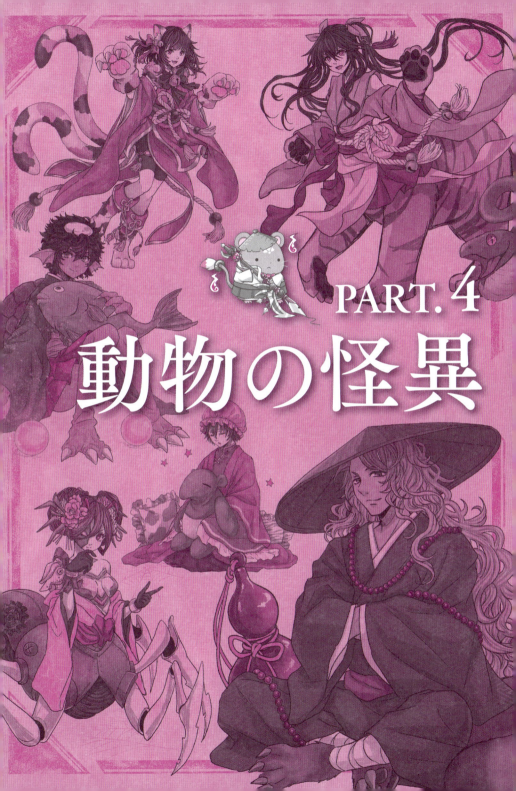

PART.4 動物の怪異

本章のPOINT

PART.4

動物なら特徴的で創作しやすい

　動物は私たちにとって身近な存在です。猫と一緒に暮らしている人もいれば、一方で鼠の被害に困っているという人もいることでしょう。

　また、漫画やアニメ、テーマパークのキャラクターとしても動物は人気で、どこか愛らしさや親しみを感じるもの。**そんな動物がモチーフの怪異は、馴染みやすさや親近感を抱きやすく、認識しやすい見た目のためマスコット的役割を付与することが可能です。**

　それぞれの動物ごとに目立った特性があり、それを活かした技や術も見逃せません。サポート役として扱うのもありでしょう。特徴的であるがゆえに、創作しやすい

General remarks

怪異ともいえます。

　その成り立ちとしては、もとが人間だったもの、動物だったもの、神獣のようにもとから怪異だったものなどさまざまなパターンがあります。背景にあった特性や能力を理解すれば、それが創作のヒントとなるはずです。そして**実際に創作するときには、愛らしさに重きを置くのか、獰猛性に重きを置くのかによって描き方は大きく異なってきます**。作品内でどんな立ち位置を任せたいのかしっかりと考えをめぐらせ、適した役割を付与することが大切でしょう。

　本章で紹介する魅力的な動物の怪異たちを参考に、オリジナルの怪異を創作してみてください。

NO.01

9本の尻尾を持つ危険な怪異

九尾の狐

別名

九尾狐、九尾狐狸、尾裂狐、玉藻前

概要

9本の尻尾を持つキツネの妖怪で、神獣や霊獣ともされる。鳥羽上皇を惑わせた美女・玉藻前として日本三大悪妖怪に数えられる。封印された石との伝説のある「殺生石」は、2022年にまっぷたつに割れたことが発覚。

特徴・能力・弱点

- 化けきつねが数千年生きた姿
- 年をとり力を得るにつれてしっぽが増え、最終的に9本になる
- 5、6mほどの体長で、体毛は赤や白、金色とされる
- 人間に化ける、幻惑によって人々をだますなど妖術を駆使
- 美女に変身することが得意
- 国王を騙したり操ったりして無実の人を死刑に陥れる

- 話術によっても権力者の心を虜にするなど知能が高い
- 中国やインドにも王などの后として出没し、悪事を働いた
- 魔力を持った炎を放ち、操る
- 天眼通を持つともいわれる
- 陰陽師に正体がバレて退治され、巨大な石に姿を変えた
- 石に姿を変えたあとも瘴気を発して人を害する

怪異の特徴を表現する文例

「お言葉ですがあの玉藻前と申す者、人にあらぬ獣の怪異でござりまする」鳥羽上皇は愕然とした。「ま、まことか？」「はい。然るに私が正体を暴きましょう」陰陽師の言葉に上皇は肯くしかなかった。

PART.4 動物の怪異

Point 美女に化ける

Point 9本の尻尾

日本を混乱に陥れる不穏な計画を企てていた

　「九尾の狐」は怪異界随一と名高い妖力を駆使し、美女に化けて国を滅ぼすほどの悪事を働きました。博識で知能が高く、幻惑の術と卓越した話術で、巧みに人間を騙して操ります。王や天皇といった権力者にもすっと近づいて虜にし、中国やインドで悪の限りを尽くしました。その後、追われる身となり平安時代の日本へやって来た九尾の狐は、玉藻前という絶世の美女になりすまして鳥羽上皇に仕えます。そして日本を混乱に陥れる不穏な計画を企てていたものの、陰陽師に見破られ、妖力を封じられました。
　男性を惑わす美女の役どころは、古今東西の創作物語でお約束のキャラ。多様性が謳われる現代なら、男女を問わず誘惑する魅力を備えた、愛玩動物をモチーフとした設定のほうが、読者の共感度が高いかもしれません。

NO.02

変幻自在な化け狸の大親分

隠神刑部狸
（いぬかみぎょうぶだぬき）

別名

隠神刑部、刑部狸、伊予の刑部
（いぬかみぎょうぶ、ぎょうぶだぬき、いよのぎょうぶ）

概要

松山に伝わる、808匹もの一族を率いる化け狸の大親分。「刑部」は松山城主からもらった称号。日本三大狸話のひとつ『松山騒動八百八狸物語』で知られる。『平成狸合戦ぽんぽこ』に登場する「伊予の狸」のモデル。

特徴・能力・弱点

- 四国最高の神通力と霊力を誇り、妖怪としても高位の存在
- 松山城を守護し、城の家臣らや地元の民たちに尊崇された
- 人間や動物に化けたり、物体を別の物の形に変える
- 分身の術を用いたり、姿を消したりして相手をかく乱させる
- 幻覚をつくりだし、現実とは異なる風景を見せて人を惑わせる
- 雨を降らせるなど天候を操り、畑を潤したり災害を起こす
- 樹木や石などを動かして道をふさぎ、人を道に迷わせる
- 酒に弱く、酔うと妖力が衰え、変身が解けることがある
- 鏡に映った自分の姿を見せられると、変身が解けてしまう
- 神杖の力で神通力を封じられ、洞窟に閉じ込められてしまう

怪異の特徴を表現する文例

隠神刑部狸はひどく動揺した。親分として城のためにひと肌脱いだはずなのに、気がつけば自分たち狸一族が悪者にされていた。得意の妖術を使う間もなく追手が迫りくる。せめて子分たちを守らなければ。

親分肌なのに人の好さと脇の甘さが同居する

　同じ〝化ける系獣〟でも、いじわるで油断ならない狐と違い、狸はお人好しで抜けている印象があります。九尾の狐の向こうを張る怪異「隠神刑部狸」は、そんな印象を地で行く化け狸。四国に808匹いる狸たちの親分として、愛媛県の松山城の守護神として、地元で崇拝されていました。しかし不穏なお家騒動に巻き込まれます。本来なら城を守る立場でありながら、うっかり騙されて謀反側に加担し、悪者の張本人に仕立て上げられます。そのあげく808匹の従者狸とともに洞窟に封じ込まれて辛酸を嘗めます。
　親分肌なのに人の好さと脇の甘さが同居する性格はどこか憎めません。808匹の従者狸も同じように思っているはず。この手の愛されキャラはラストで主人公に味方する敵として描けば、拍手喝采の盛り上がりを見せます。

NO.03

攻撃スピードは怪異のなかでも随一

◉ かまいたち

別名

きゅうき、野鎌（のがま）、羊角風（ようかくふう）

概要

前足に刃が生えたイタチの妖怪。つむじ風とともに突然現れ、鋭い刃で人間を斬りつける。全国に伝承があり、江戸時代以降の絵画に描かれる。地方によっては、つむじ風そのものが「かまいたち」と呼ばれる。

特徴・能力・弱点

- 鎌のような爪を持つイタチの姿
- 体長 50cm 前後の小型の妖怪
- 鋭く深い傷を負わせるが、切られた人間は痛みを感じない
- 疾風のような高速で移動するので、人間の目で捉えられない
- 2匹で人を襲い、3匹目が薬をぬるともいわれる
- 風を操り、人や物を吹き飛ばしたり、自身の移動を助ける
- 暦を足で踏んだ者を襲う
- 人を斬りつけ、その生き血を吸うともいわれる
- 恋愛の怨念で生じたかまいたちが恋敵を襲うこともある
- 意外にもジャンプ力は弱い
- 夜行性のため、日光や強い光はその力を弱める
- ヨモギやショウブに弱く、近づくことは困難

怪異の特徴を表現する文例

突然のつむじ風に足が止まる。一瞬で風が過ぎ去った直後、「ひっ」と妻が声を上げた。見れば私の右腕がざっくり斬れていた。鮮血が流れ出るも不思議なほど痛みはない。「かまいたちよ」妻がいった。

斬られた本人も気づかないほどの早業

懐刀として仲間のひとりにいれば、どれほど心強いことでしょう。

「かまいたち」は誰もがそんな思いを抱く存在の怪異。突然巻き起こるつむじ風とともに現れ、鋭利な刃物でスパッと相手を斬りつけ、その姿はまったく見えません。斬られた本人も気づかないほどの早業です。

かまいたちはその名の通り、イタチのように俊敏で、両手には鋭い刃物があります。野に捨てられた鎌に魂が入り込んで怪異になったとも、カマキリの霊の発展形だともいわれますが、**攻撃スピードは怪異界でナンバーワンと定評がある、疾風怒濤の切り裂き魔です。**

きりきずは痛みも出血もないことが多いものの、場合によっては死に至る重傷となります。本気になれば恐ろしく、味方なら頼もしい怪異です。

NO.04

人間の言葉を話す化け猫

猫又

別名

化け猫、古猫、猫股

概要

２本足で歩き、人間の言葉を話す猫の妖怪。年老いた猫が化けた姿といわれる。尻尾が２本として描かれることが多い。日本各地の伝承や怪談、妖怪画に登場し、『徒然草』にも記述がある。

特徴・能力・弱点

- 山にいるタイプと飼い猫が化けたタイプとがいる
- 年をとり、尻尾の先だけ２つに割れたものもいる
- 俊敏に動き、鋭い爪や牙で人間や家畜を攻撃する
- 山にいる猫又は、次々に人を襲って食べてしまう
- 人間並みの知能をそなえ、巧みにしゃべることができる
- 妖力を使い、人間に変身したり、ときに人を祟り殺す
- 大事に飼ってくれた人間に恩返しするものもいる
- 手ぬぐいを頭に被り、２本足で立って踊る陽気なタイプもいる
- 三味線を弾いたり、酒を飲んだりすることもある
- 行燈の油をなめる姿で化け猫と暴かれることが多い

怪異の特徴を表現する文例

「お前を食うぞ」山道を歩いていると茂みから巨大な猫が現れてしゃべった。しかも２本足で立っている。俺が首を振ると、猫は鼻で笑う。「お前が猫をいじめているのは知ってる。だから食らうんだよ」

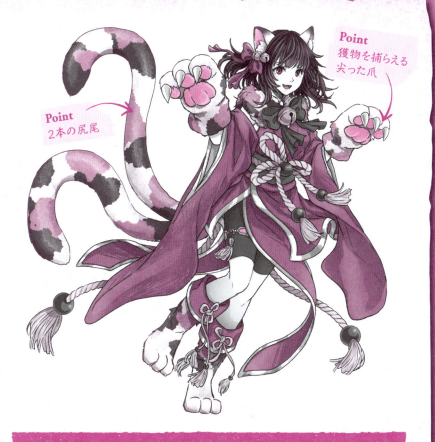

Point
2本の尻尾

Point
獲物を捕らえる
尖った爪

PART.4 動物の怪異

善悪の判別がつくうえ、高い知能を備える

　そもそも猫は、その不思議な習性や脅威的な身体能力、神秘的な眼光から、ミステリアスな動物と捉えられています。殺傷すれば7代末まで祟られると恐れられ、魔性の動物だともいわれました。猫が主人公の映画や小説が多いのは、やはり個性が強く、誰もに身近な存在だからでしょう。

　「猫又」は2本足で歩き、人間の言葉を話します。猫を虐待する人間に狙いを定め、襲いかかって食べたり、妖力を使って祟り殺したりする反面、可愛がってくれた人間を助けることも。つまり、猫又は善悪の判別がつくうえ、高い知能を備えています。**こうした猫又の特性をベースに独自アレンジを加えていくと、ユニークな猫キャラが生まれそうです。**猫を擬人化する際は猫又をモチーフにアイデアを膨らませてみましょう。

NO.05

連携プレーで襲いかかる狼の怪異

千疋狼（せんびきおおかみ）

別名

鍛冶ヶ嬶（かじがかか）、鍛冶嫗（かじばば）、小池婆（こいけばば）、弥三郎婆（やさぶろうばば）

概要

古くから日本に伝わる説話のひとつ。内容としては、夜道を歩いていると狼の群れに襲われ、慌てて木の上へと逃げるが、狼たちは肩車を組んで捕えようと応戦。だが一歩届かず、ついには親玉を呼んでくる。

特徴・能力・弱点

- 親玉を中心として、基本は群れで行動する
- 親玉は鍛冶屋になりすまして生活している
- 圧倒されるような息のそろった連携プレーが得意
- 群れで獲物を包囲し、逃げ道をなくして追いつめる
- 肩車をしてはしご状に組みあがり、高いところの獲物に迫る
- 夜道を歩く人間をつけ狙い、食おうと襲いにかかる
- 不屈の精神で狙った獲物は最後まで逃がさない
- 鍋を逆さにして頭にかぶり武装している
- 親玉の正体は年老いた猫であったり、鬼であったりする
- 親玉に致命傷を与えれば、ほかの狼は散り散りに逃げていく

怪異の特徴を表現する文例

私は全力疾走し、1本の大樹を見つけた。とにかく必死で木に登ってなんとか狼から逃れた。と、狼たちが肩車して私に近づいてくる。しかも最後に現れた化け物みたいな狼がみるみる迫りつつあった。

教訓めいた物語のテンプレートがある

　事の顛末はこうです。夜、狼の群れに襲われた人が木に登って難を逃れると、狼が次々に肩車して迫ります。しかしあと一歩で届きません。そこで狼は親玉の怪異に助けを乞うものの、逆に反撃に遭い、親玉は大怪我して退散。翌日、その人は村に潜伏する親玉の居場所を突き止め、退治します。「千疋狼」は狼が夜に狩りを行い、親玉のもとで集団行動する習性から生まれたといいます。が、この説話には教訓めいた物語のテンプレートがあります。勧善懲悪と因果応報です。序盤から狼の群れが悪役側なのは一目瞭然で、ボスキャラの親玉が最後に痛い目に遭うことも想像がつきます。

よくある日本の昔話に則ったテンプレートは、大多数に受け入れられやすい王道パターン。勧善懲悪と因果応報を諭す内容だと理解しましょう。

NO.06

さまざまな動物で彩られた妖怪

鵺(ぬえ)

別名

鵺(ぬえ)、夜鳥(ぬえ)、恠鳥(ぬえ)、奴延鳥(ぬえ)

概要

顔は猿、胴は狸、手足は虎、尻尾は蛇でできている妖怪。雷獣として扱われることも。「ヒョーヒョー」と、鳥のトラツグミの声に似ている不気味な声で鳴いたという説もある。

特徴・能力・弱点

- 空を黒雲で覆いつくし、不穏な空気にする
- 黒煙を出してそのなかに身を潜め、敵の目をあざむく
- 不吉なことが起こる前兆として捉えられている
- 夜更けに「ヒョーヒョー」と不気味な鳴き声を発する
- 人を不安な気持ちにさせ、病にまで至らしめる

- 雷を伴って現れる
- 時間をかけてじわじわと相手を追いつめる戦法が得意
- 攻撃性は低いが、複数の動物の集合体であるため、戦闘のポテンシャルは高い
- 獰猛な虎の爪で襲いかかられればひとたまりもない
- 尾の蛇は体と独立して動き、獲物を瞬時に仕留められる

怪異の特徴を表現する文例

夜更けに奇妙な鳥の鳴き声が聞こえるようになってからというもの、旦那さまの体調が思わしくない。日に日に痩せ細り、言葉数も少なくなっていく。かくいう私まで一昨日から高熱が下がらない。

Point 複数の生き物の集合体

Point 自在に動く蛇

PART.4 動物の怪異

キャラ造形の暗黙のルールを大胆に無視

　発想の転換を図りたいとき、参考になる怪異が「鵺」でしょう。顔が猿、手足が虎、胴体が狸、尻尾が蛇と、複数の動物が合体し、**単体の生き物をモチーフにキャラ造形するという暗黙のルールを大胆に無視しているから**です。しかも鳴き声は鳥で、空を自由に飛び回ることができます。

　奇異な姿形からどんな妖力を駆使するのかと思えば、寂しげな鳴き声で人間を病気にして弱らせるだけ。鵺が存在したという平安時代、人々は夜に鳴く声色に不吉なものを感じて怯えたそうですが、どうも決め手に欠けます。実際、掴みどころのない人を「鵺のようだ」と揶揄する常套句があり、やはり謎の多い怪異です。とはいえ複数の生き物を組み合わせれば自由な発想でオリジナル怪異をつくることができ、創作の楽しみ方が広がります。

119

NO.07

馴染みのある川の妖怪

河童(かっぱ)

別名

河太郎(かわたろう)、猿猴(えんこう)、河虎(かわたろう)、河伯(かはく)、河原小僧(かわらこぞう)、メドチ、カワワロ、ガワッパ

概要

水辺に棲む、日本でもっとも有名な妖怪のひとつ。漫画やアニメ、小説など数多くの作品に登場する。なかには、都道府県のPRキャラクターとして河童を採用しているところも。

特徴・能力・弱点

- 川や河原、池、沼などの水辺に棲息している
- 水陸どちらにも対応
- 頭の皿が乾いたり割れたりすると力が出なくなってしまう
- キュウリが好物
- 相撲が好きで人間を勝負に誘う
- 鉄を嫌っている
- 腕を引っ張ると伸び、もう片方の腕はその分縮む
- 人間の子どもくらいの大きさ
- 効果てきめんな傷薬をつくる
- 川の水の流れを変える
- 人間や馬といった動物を水のなかへと引きずり込む
- 肛門の近くにあるとされる〝尻子玉〟という内臓を抜く
- 尻子玉を抜かれた人間はふぬけになってしまう
- 時に農作業を手伝ってくれる

怪異の特徴を表現する文例

淵まで進んだところだ。突然、足を引っ張られた。叫ぶ間もなく僕は水中に沈む。滲む視界に映るのは、足首を掴む緑色の河童。僕と目が合った瞬間、にやりと笑い、さらに深場へと引っ張っていく。

Point
水を貯える皿

Point
水中で活躍する水かき

米国では宇宙人の一種だと考えられている？

「河童」は有名な怪異です。一方で、**河童自身が巧みに情報操作して遊んでいるという説があります**。たとえば頭の上の皿に水があり、とても大切らしいのですが、相撲好きの河童と対戦する際はおじぎをするとつられておじぎするため、皿の水が零れて力が抜け、簡単に勝てるそうです。また日本各所に河童のミイラが残されており、じつは怪異ではなく未確認生命体だといわれ、米国では宇宙人の一種だと考えられています。さらに冬になると「山童」という怪異に変わって川を出て、山岳地帯にこもるともいわれます。そのほか河童は人間につくられたとか、平家の霊だとか、まさに諸説紛々の様相です。そんな噂ばかりが蔓延するなか、河童はいたずらが成功したとばかりに、水中でくすくす笑っているともいわれています。

NO.08

高度な神通力を操る有名どころ

 天狗

別名

外法様(げほうさま)

概要

神通力を駆使する妖怪で、山神でもある。烏(からす)天狗、鼻高(はなかた)天狗、木の葉(こは)天狗など、特徴ごとにさまざまな種類が存在。また、特に強大な力を有するものを〝八天狗〟と呼び、8つの山にそれぞれ点在する。

特徴・能力・弱点

- 山奥に棲んでいる
- 自在に空を飛び、一瞬で移動
- 人の心を読める
- はるか遠くで起こった出来事を見聞きできる
- 気性が荒く傲慢な性格
- イタズラを仕掛けるのが好き
- サバを苦手としている
- 潔癖で不浄なものを嫌う
- 武芸に秀でている
- 山に入った子どもをさらう
- 迷子を無事に送り届けることも
- 羽団扇ですさまじい風を起こし、すべてをなぎ倒す
- 〝隠れ蓑(みの)〟を纏って透明化し、姿を消す
- さまざまな姿に変化する
- 石や岩を空から降らせる
- 怪火を起こし、それを見た者に病をもたらす

怪異の特徴を表現する文例

山道で休んでいると石が投げられた。天狗つぶてだ。脳裏に浮かぶのは祖父の言葉だった。「天狗つぶてに焦っちゃいかん。気を落ち着かせてればええんじゃ。天狗の投げる石も岩も、まず当たらんからの」

昭和以降のヒーローのスキルに影響を

　日本の代表的怪異である「天狗」は、ヒーローの原型なのかもしれません。**種族や出身については諸説あるものの、少なくとも天狗が誇る能力の数々は、昭和以降のヒーローのスキルに影響を及ぼしている気がします。**

　まず、空を自由に飛べること。天狗の背中には翼があるため、空中の浮遊も移動も思いのままです。強烈な風を巻き起こせる特殊なうちわは、自然の力を応用した攻撃であり、さまざまな場面で活用できます。さらに着るだけで姿を消せる蓑は、あらゆる戦闘において超絶な威力を発揮する無双アイテムです。そして赤い顔と長い鼻は、自身の姿を隠すためのカモフラージュマスクにほかならないでしょう。**武芸の達人でもあるという天狗のヒーローとしてのポテンシャルは、令和の現代でも見逃せません。**

NO.09

深い知識を有する神獣

白澤
はくたく

別名

白沢（はくたく）、澤獣（たくじゅう）、薬獣（やくじゅう）

概要

古くから中国に伝わる神獣で、吉兆を表す瑞獣の一種。本来の姿は、ライオンのような体に9つの目、6つの角が生えている。日本では、幕末に病が流行した際、お守りとして白澤の絵が重宝された。

特徴・能力・弱点

- 万物のことに精通し、人語をも理解して操る
- 世に存在する妖怪や鬼神について知りつくしている
- 徳のある優秀な為政者の前にだけ現れる
- 未来を予言する
- 災厄について知識や対処法を授けてくれる
- 災いや邪悪なものを祓(はら)う
- 病魔を退散させる
- 生粋の頭脳タイプで、攻撃や防御には特化していない
- 中国の東望山に棲む
- 白澤に遭遇すると、その一族は長きにわたり繁栄する
- 古代中国の伝説の王・黄帝(こうてい)は白澤から授かった11520種もの妖怪や鬼神の知識をまとめ、『白澤図』としてマニュアル化した

怪異の特徴を表現する文例

3つの眼を持ち、背中にも4本脚が生えた、奇妙な獅子が私の目の前に現れた。これが世にいう瑞獣の白澤かと直感した。すると白澤は静かに耳打ちしてきた。世を治めるための説法に、私は耳を傾ける。

Point
複数生えた角

Point
顔と胴体の両側に
3つずつある目

PART.4 動物の怪異

霧が晴れたかのように事態が好転

　中国の皇帝に〝世に害を及ぼす怪異と対処法〟を教えた神獣「白澤」は、万物の情報を熟知していました。白澤のような役を担う登場人物は、物語を展開するうえで有効に機能します。いわゆる、ご意見番です。

　悪戦苦闘しながらゴールへ向かう主人公に、絶妙のタイミングで現れて進言を施せば、霧が晴れたかのように事態が好転するスイッチとなります。

　白澤は額に第三の眼があり、胴体の両側にも3つずつ眼が備わる、多眼の怪異として知られます。これは何もかもお見通し、という千里眼をシンボル化したため。同様に**物語で白澤的存在をキャスティングする際は、ビジュアルとして突出したユニークな特徴を持たせると読者へのインパクトが高まり、ほかのキャラとは一線を画した特別感を創出できます。**

125

NO.10

安らかな眠りをもたらす霊獣

獏
ばく

別名

貘
ばく

概要

中国由来の縁起のよい霊獣。仏教の伝来とともに日本に広まり、全国各地に浸透した。日本では悪夢を食べることで知られているが、もともと中国ではそういった説はなかった。

特徴・能力・弱点

- 人間の眠りの世界に入り込んで悪夢を食べる
- 浅い眠りから穏やかな深い眠りへと誘う
- 鉄や銅などの金属、竹、爬虫類をなめて食べる
- 鉄製の武器をからめとり、食して使いものにならなくする
- 頑丈な歯はどんなに硬いものもものともせず、火も効かない
- 疫病や邪気を祓う
- 縁起のよい存在で平和の象徴
- 人を襲うことはなく、基本はおだやかな性格
- 物理攻撃は基本的に行わず、遠距離からの術で悪を祓う
- 人の精神世界で好きなように動き回ることができる
- 獏の絵を枕の下に置いて眠ると悪夢を見ないで済む

怪異の特徴を表現する文例

悪夢に悩まされていた。夢見が悪いのはすでに数週間ほども続いており、寝るのは億劫だった。と、今夜は違った。霧が晴れ渡るように悪夢が消え去ったのだ。そういえば奇怪な動物が夢に現れたような――。

Point
誘われる安眠

Point
実在する動物の獏

第一印象とのギャップがある怪異

　外見の奇怪さは先に解説した鵺並みです。象の鼻にサイの双眸、胴体は熊で足は虎、尻尾は牛ですから。深夜の寝室で「獏」が現れたなら、度肝を抜かれます。ところが姿形だけで判断すべきではありません。獏は人の悪夢を食べてくれる縁起がよい怪異として有名なのです。中国では獏の毛皮を家に敷くと邪鬼を払う効果があり、吉報をもたらすともいわれます。
　そう聞けば、見た目がどれだけ奇怪でも好印象を抱いてしまいます。
　物語の登場人物でも同様の効果があるのをご存じでしょうか。
　第一印象が悪いほど、いい人だと判明したときの好感度は大きくプラスに転じるもの。そうした読者心理を先読みし、序盤でさも悪そうな外見に設定しておけば、おいしいフラグとして役立ちます。

NO.11

千筋の糸で獲物を絡めとる

土蜘蛛(つちぐも)

別名

山蜘蛛(やまぐも)

概要

巨大な蜘蛛の妖怪。源頼光(みなもとのよりみつ)が土蜘蛛を退治する話が有名で、歌舞伎や能の演目として人気を博している。また古代には、大和朝廷に従わない一部の民族のことを土蜘蛛と呼んでいた。

特徴・能力・弱点

- 細長い足で体を支える
- 大きさはさまざまだが、大きいものだと60mにも及ぶ
- 土のなかや洞窟に巣をつくり、住処としている
- 疫病をもたらす
- 法師や美しい女に化け、人間の目をあざむく
- 人間の姿に変身しても影は蜘蛛の姿のまま
- 弱点はないが刀や矢で退治可能
- 大きな牙でかみつき、敵の体を毒で侵す
- 千筋の糸を繰り出し、身動きをとれなくさせる
- 人間を狙って襲いかかり、まるまる食べてしまう
- 傷口から白い血を流す
- おびただしい数の子蜘蛛を身の内に飼っている

怪異の特徴を表現する文例

怪奇狩りの達人、源頼光が怪しい屋敷を張っていると、夜明け前に奇妙な女が現れた。頼光が一刀両断すると女は消え、血の跡が残った。その先にいた巨大蜘蛛もまた頼光は斬りつけ、一太刀で退治した。

Point 人を惑わす容姿

Point 器用に動く足

物語世界では悪を象徴する禍々しい存在

　アラクノフォビアをご存じでしょうか。蜘蛛恐怖症の学術的英名です。世には蜘蛛に異常な恐怖感を抱く人が多数います。重度の人は蜘蛛の巣を見ただけでパニック発作を起こし、最悪の場合はショック死に至ります。そのような恐ろしい症状があることを知ってか知らずか、ファンタジー作品の悪の側には、必ずといっていいほど巨大な蜘蛛の怪異が登場します。

　そして日本の怪異にも「土蜘蛛」という、人食いの恐ろしい巨大蜘蛛が存在します。妖術を駆使して2000人以上もの人間を食べたそうです。**現実世界で蜘蛛は益虫だともいわれますが、物語世界では間違いなく悪を象徴する禍々しい存在**。生き物をモチーフにした怪異を考える際、蜘蛛をベースにつくり込めば、恐怖の嫌われ者キャラを生み出せます。

NO.12

恨みの末に手に入れた硬質な体

鉄鼠（てっそ）

別名

頼豪鼠（らいごうねずみ）、三井寺鼠（みいでらねずみ）

概要

滋賀県の三井寺（園城寺）に伝わるネズミの妖怪。もとは頼豪という名の高僧で、白河天皇の皇子誕生を祈祷し、見事成功させた。褒美に願いを聞き入れてもらう約束だったが、結局叶えられず、恨みを抱いて怨霊化した。

特徴・能力・弱点

- 敦文親王（あつふみ）を祈祷によって魔道に落とすため、100日間断食を行い、鬼のような姿で命を絶つ
- 恨みの末に巨大なネズミ姿の怨霊と化す
- 強大な祈祷の力を有する
- 攻撃を通さない硬く頑丈な石でできた体
- 鋭い鉄の牙でいかなるものもかみ砕きボロボロにする
- 8万4千匹のネズミの大群を従えている
- 個の力を結集させ、数を活かした団体攻撃が得意
- 使役するネズミをわずかなすき間から侵入させる
- 大事な書物や経典、仏像を食い荒らす
- 呪われたら最後、他者の祈祷では呪詛を解けず死に至る

怪異の特徴を表現する文例

頼豪は自らの祈祷で生まれた皇子の敦文親王を呪うべく断食に入った。その100日後、頼豪は他界した。直後から妖しい白髪の老僧が出現し、わずか4歳にして敦文親王は、怪異となった頼豪に呪い殺された。

怨念が鉄より硬い体を持つ大鼠と化した

　平安時代、園城寺の僧である頼豪は、成就すればどんな願いも聞くという天皇との約束のもと、皇子の誕生を祈祷して見事に叶えました。褒美として新たな寺の建立を申し出るも、比叡山延暦寺の妨害で一蹴されます。これに恨みを抱いた頼豪は復讐のため断食に入り、ついには悪鬼の姿で逝去。以来、頼豪の怨念が鉄より硬い体を持つ大鼠の「鉄鼠」と化し、延暦寺の経典や仏像を食い荒らし、人々はその怨嗟に恐れをなしました。
　一途な想いを利用された無念が怪異として転生させるパターンは、現代ファンタジーでも多用される手法のひとつ。大切なのは、何に化けて出るかという着眼点です。当時、書物や経典を抱える寺院で鼠の害が深刻だった時代背景から、鉄鼠の怪異伝説が生まれたといわれます。

NO.13

海をたゆたう王道怪異

人魚

別名

マーメイド、マーマン

概要

海に生息する半人半魚。世界各国に伝説が残っている。日本では八百比丘尼（やおびくに）という女僧の話が有名で、彼女は人魚の肉を煎じて飲み、それによって800年も美しい姿のまま生きながらえたという。

特徴・能力・弱点

- 泳ぎに特化し、水中をすべるように進む
- 人魚の肉や骨、ウロコは不老長寿の薬になる
- 上半身が人間、下半身が魚であるものもいれば、その逆も存在
- ギリシヤ神話に登場する海の怪物・セイレーンがルーツ
- 日本では顔が鬼か人間で胴体が魚というタイプも多い
- 歌もしくは楽器の演奏で人間の心を魅了する
- 人間の姿に変身する
- 人魚を殺めると祟られる
- 人魚の出現は何かよくないことが起こる前兆
- 嵐を呼び、海を荒らし、船を遭難させる
- 防御力は低く、魚と同様に網に引っかけて捕まえることも可能

怪異の特徴を表現する文例

嵐が漁村を襲って完全崩壊した。すべては人魚を見たという村人が現れてからだ。そいつも波に飲まれて死んだ。いったいいつから人魚は不吉な予兆となったのだ。かつては幸せを呼ぶ女神だといわれたのに。

想像力を駆使すればさまざまな展開が閃く

　「人魚」を英語に訳すと〝マーメイド〟。こう書けば、好印象を抱く人がほとんどでしょう。イメージする姿は、上半身が人間で、下半身が魚のはず。
　ところが日本で人魚といえば、人間か鬼の顔を持つ怪魚でした。それでもかつては幸運の前触れとされ、その肉は不老長寿の薬だと崇められたものの、時代とともに変わります。人魚の出現は天変地異や戦乱といった災禍の予兆とされ、さらには殺傷すれば呪いがあると恐れられました。
　物語創作においては諸説が考えられます。ひとつは人魚の種族に善悪をもたらす2種類がいる設定です。もうひとつは、あるきっかけで人間に負の応報を与える怨念が人魚に根づいたという設定。想像力を駆使すればさまざまな展開が閃き、新たなストーリーが生まれます。これが大切です。

NO.14

お坊さんに化けた蟹

蟹坊主(かにぼうず)

別名

化け蟹(ばけがに)

概要

寺院に出没する蟹の妖怪。狂言の『蟹山伏』が原型だとされる。日本各地に伝承や昔話が残っており、特に山梨県の長源寺や石川県の永禅寺、富山県の本叡寺に伝わる逸話が有名。

特徴・能力・弱点

- 夜、寂れた寺院に姿を現す
- 旅僧や住職を狙う
- お坊さんになりすまし、「両足8足、大足2足、横行自在にして、両眼天を差す、いかに」と謎かけをしてくる
- 謎かけの答えは「蟹」
- 謎かけに正解すれば退治可能
- 謎かけを解くことができなければ食われてしまう
- 正体を暴かれると、もとの大きな蟹の姿へと戻る
- 本来の蟹の姿だと3～4mほどの大きさ
- 密教の法具である独鈷(とっこ)で攻撃すると効きやすい
- 鋭い切れ味の大きなハサミで襲いかかる
- 防御力の高い頑丈な甲羅でおおわれている

怪異の特徴を表現する文例

次々と住職が殺される寺に泊まった。案の定、夜になると謎の僧が現れ、問答を仕かけてきた。「貴様は蟹坊主だろ！」私はいい、思い切り法具を投げつけた。すると悲鳴とともに蟹坊主は消えた。

日本で蟹は霊性の高い特別な生き物

　旅の僧侶が寺に宿泊していると、どこからともなく現れて問答をはじめ、答えに窮するとその僧侶を食らう「蟹坊主」は、仏に仕える僧を狙う怪異。

　古来、日本で蟹は霊性の高い特別な生き物と考えられていました。脱皮を繰り返して成長する様が生まれ変わりを表し、過去の己を破って進化する精霊になぞらえ、信仰心を寄せていたためです。一方、仏門に入って寺院で働く僧は、人間でもっとも神や霊に近しい存在といえるでしょう。

　蟹坊主は僧への挑戦を繰り返しながら、自らの優位性の証明と人間への転生を目論んでいたのかもしれません。とすればこの怪異の伝承は、**示唆や教訓を色濃く含んだテーマの物語だという解釈も可能です**。

　クリエイター目線でのテーマの模索に、ぜひトライしてみてください。

COLUMN 4

言い伝えやことわざから
動物キャラを生み出す

　PART.4では動物を原型とした怪異の数々をご紹介しました。

　ご覧になり、どこか既視感を覚えた方もいるのではないでしょうか。というのも動物をモチーフとしたキャラ造形は怪異界にとどまらず、アニメ作品や特撮作品でも多数見受けられるからです。

　空想上の創作世界であっても、実在する対象をベースにつくり上げたほうが個性や特徴を打ち出しやすいメリットがあります。

　加えて、ゼロからビジュアルを創造する手間が省けるという、現実的な作業効率からも動物を使うパターンは重宝されます。

　そして意外に知られていませんが、多くの動物には言い伝えやことわざが残っています。これらの伝承をヒントに応用すれば、多様な動物キャラが生み出せるでしょう。

　たとえば猫なら、英語で〝A cat has nine lives〟ということわざがあります。直訳すると「猫は9つの命を持つ」。猫は執念深い動物で殺しても何度も蘇ると考えられ、こうしたことわざが生まれたそうです。日本だと前述の「猫を殺せば7代祟る」に該当します。

　また、蛇は古くから神の使いとして信仰され、猿は『今昔物語集』にて人間に害を為す妖怪として登場しています。

　こうした動物にまつわる故事来歴を参考にすれば、説得力のある性格付けや個性の表現が可能となります。ぜひ独自研究して、オリジナルの動物キャラクターを創造してみましょう。

本章のPOINT

PART.5

大迫力の規模感で
畏怖の念を抱かせる

　迫力満点のバトルシーンを描写したいとき、ぜひ活用したいのが巨大な怪異です。巨体から放たれる一撃はすさまじく、天変地異を起こす勢い。大スケールの戦闘は、見せ場として有効に機能します。

　ここで覚えておいてほしいのは、**巨大な怪異は創作ジャンルや舞台設定と深く関わってくるということ。**

　あまりに巨大だと、現実味がなくなってしまいやすいからです。どう怪異を登場させるか、それが舞台となる街やまわりの環境にどんな影響を及ぼすのか。読者を物語に没頭させ、感情移入を誘えるだけのリアリティを演出することが大切です。

General remarks

　そのためには、背景描写や設定を細かい部分まで決めておきましょう。それが作中の違和感をなくし、怪異に対する畏怖の念を増大させることにつながります。さらには、人域を超えた神々しさが創作に深みをもたらしてくれるでしょう。

　また、登場シーンではサイズ感を活かした描写が有効です。**巨大な怪異と小さな人間や街、自然環境を対比させ、威圧感を存分に魅せるのがポイント**。巨大さをうまく描写すれば、怪異の偉大さのアピールにもなり、ほかでは味わえない特別感を演出することが可能です。

　ぜひ本章で紹介する巨大な怪異を参考に、案を練ってみましょう。

NO.01

壮大な力を誇る神獣

龍

別名

竜(りゅう)

概要

もっとも古い神獣のひとつで、海底や湖、川などの水のなかに棲む。自然を操る強い霊力を持ち、水神として古代から信仰の対象にもなっている。ひとたび暴れだすと大災害を招く。

特徴・能力・弱点

- 首〜腕のつけ根〜腰〜尾、それぞれの長さが同一
- 角は鹿、耳は牛、頭はラクダ、目は兎、鱗は鯉、爪は鷹、こぶしは虎、腹はみずち、うなじは蛇に似る
- 銅盤を強く打ったような激しく勇ましい咆哮
- 神通力で雨の恵みをもたらし、土地を潤す
- 際限なく雨を降らせ、大規模な水害を引き起こす
- すさまじい嵐や雷雲を呼び寄せ混乱を招く
- 鐘の音のような、癒される自然な音を好む
- 鱗は全部で81枚あり、順番に並んでいる
- あごの下に1枚だけ逆さに生えている〝逆鱗〟という鱗が弱点

怪異の特徴を表現する文例

干ばつ被害が続き、この村もいよいよ終わりだと思った、そのときだ。急に暗雲が立ち込めてきた。荒々しい風が吹きすさぶ。「龍だ!」村人の誰かが叫んだ。ほぼ同時だった。雨だ。雨が降ってきたぞ。

Point 鹿のような角

Point 鱗に覆われた体

PART.5　巨大な怪異

読者の心に刺さる強烈なインパクトを

　伝説の怪異としてその名が知れ渡っている「龍」。日本では『古事記』や『日本書紀』においてその存在が記録されています。龍は突如として現れ、人間を苦しめ傷つけるという説がある一方、純粋で優しい者に力を分け与えるともいわれます。悪なのか神なのか、判断がつきにくい存在です。
　物語で龍を起用する際は、その善悪を問わず、最強ボスキャラとして象徴的な意味合いを与えて描くべきです。さらに登場した瞬間、読者の心に刺さる強烈なインパクトを演出しましょう。神の使徒、というような安直な役柄は不十分で、面白味に欠けます。誰もに知られ、しかも多くの既存作品に登場する著名な怪異だけに、原型のアイデンティティを活かしつつ、どれだけ独創的な特徴や存在感を持たせるかが勝負となります。

NO.02

生贄を求める獰猛な巨大蛇

八俣大蛇

別名

八俣遠呂智、八俣遠呂知、八岐大蛇、ヤマタオロチ

概要

日本最古の歴史書『古事記』と『日本書紀』に登場する、8つの頭と8本の尻尾を持った巨大な蛇。生贄である櫛名田比売を食べようと山から降ったところ、高天原を追放されていた須佐之男命に退治された。

特徴・能力・弱点

- 現在の福井県から山形県庄内地方にあたる高志（越国）に生息
- 眼は鬼灯を思わせる赤色
- 松や柏が生えた背中
- 寝そべると体が8つの丘、8つの谷に渡るほど長い
- 尾のなかに三種の神器のひとつ「天叢雲剣」を秘めている
- 血にまみれ、腹はいつも赤く染まっている

- 年に一度、生贄の若い娘を求めて姿を現す
- 簡単に罠に引っかかってしまうほど酒には目がない
- 毒性のある息を吐き、獲物を動けなくさせる
- 水神や山神としての側面も備えている
- 洪水の化身として、大量の水を自在に操る

怪異の特徴を表現する文例

今年もまた八俣大蛇が山から降りてくる。もう7人も娘をさらわれた。最後に残った末娘の櫛名田比売まで取られてなるものか。とはいえ、この須佐之男命という若者は本当に頼りになるのだろうか。

"おいしい素材"に着目すると創作の糧に

　87ページで解説した須佐之男命の神話に「八俣大蛇」が登場しました。女神・櫛名田比売を救うために退治され、須佐之男命はその名を轟かせます。多くの書物では勧善懲悪の物語として、八俣大蛇を一方的に悪く描いているものの、じつは神様に近い存在だともいわれています。元来、日本で蛇は神様の使いとして語り継がれてきたことが何よりの証です。

　2つの史実が交錯する"おいしい素材"に着目すると創作の糧になります。八俣大蛇の場合、なぜ神様の側なのに人間に生贄を求めて苦しませる業を重ねたのか、と変容する過程を描けば面白い展開となるでしょう。

　本編で語られなかった別の物語を"サイドストーリー"と呼び、有名キャラの外伝は総じて面白く仕上がるもの。トライしてみましょう。

NO.03

水のしたたる半人半蛇

濡れ女

別名

濡れ女子、濡れ嫁女

概要

顔は人間の女で、首から下が蛇という姿をしている。全身びしょ濡れで、海や湖沼に出没。抱いている赤子を人に渡してくるが、受けとると重くなって身動きがとれなくなり、どこからか現れた牛鬼に食われてしまう。

特徴・能力・弱点

- ウミヘビの化身
- 日本各地の水辺に現れる
- 尾は3町（約327m）ほどの長さがある
- つねに髪がしとどに濡れている
- 口からは二股に割れた舌をのぞかせている
- 不気味な笑みを浮かべており、笑い返すと一生つきまとわれてしまう
- 高い瞬発力を誇り、猛スピードで追いかけてくる
- 遭った人間に赤ん坊を抱くようにせがむ
- 赤ん坊を抱くと重い石へと変わり、手から離れなくなる
- 赤ん坊を抱く際は手袋をはめ、そのまま手袋ごと投げ捨てると逃げることができる
- 牛鬼と連れ立って現れる

怪異の特徴を表現する文例

浜辺を歩いていると、海面から巨大な女が顔を出した。頭から下は蛇である。これが噂の濡れ女か——。私に近づくや、抱っこしている子どもを差し出した。受け取ってはいけないのに私の手は伸びる。

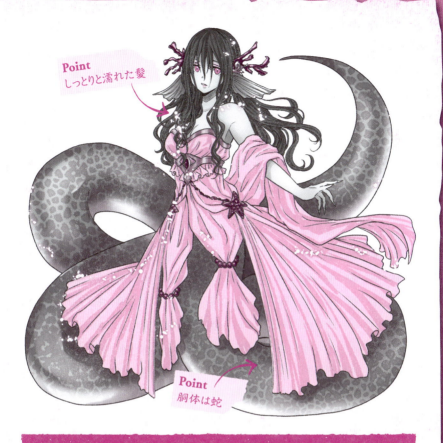

まるでちぐはぐな怪異の連携プレー

　"バディもの"とは、男性同士のコンビを指すことが一般的ですが、**「濡れ女」は怪異同士でコンビを組み、奇想天外なチームワークで動きます。**

　まず、海辺を歩いている人間を見つけると、首から下が巨大な蛇の濡れ女が現れ、自分の抱く赤子を手渡します。この赤子が曲者です。人間が抱くやずんずんと重さが増し、動けなくなってしまうのです。と、今度は牛鬼という頭が鬼で体が牛の怪異が現れ、動けない人間を食い殺します。

　蛇と牛──まるでちぐはぐな怪異の連携プレーですが、じつは濡れ女は牛鬼の化身との説もあります。いずれにせよ2体のコンビは、強引ともいえる騙し技の連続で襲いかかります。とはいえ、**恐ろしいけどユーモラス。**そんなエンタメ感ある独特のツボを押さえていて、どこか憎めません。

NO.04

暗い海をかき分けて現れる巨体

海坊主

別名

海法師、海入道、海小僧

概要

夜の海に現れる坊主頭の巨大な妖怪。海上で遭遇したら、だまって見ないふりをする。反応してしまったら船はひっくり返されるという。東北地方では、漁のときに海坊主へ初物を捧げないと船主がさらわれる。

特徴・能力・弱点

- 真っ黒な姿で、全体的にヌルヌルとしている
- あやしく光る目や、クチバシを持つ種類がいる
- 目も鼻も口もない、のっぺらぼうの種類も存在
- 群れをなし、連携して海上の船を襲うことも
- 船にしがみついて沈めにかかる
- ボロボロになるまで船をかじる
- 海坊主が姿を現すのは悪いことが起きる前兆
- 数mから数十mの大きさ
- 凪いだ海を突如として大しけへと変える
- 煙草の煙が苦手
- お坊さんや美女に化ける
- 「柄杓をくれ」とせがんでくるが、勺の底を抜いて渡すと襲われずに済む

怪異の特徴を表現する文例

凪の海が大しけに変わった。「海坊主が出るぞ」船主が強張った声で続ける。「さっき獲れた初物のカツオを出せ」「どうしてですか？」俺が聞くと、船主が返す。「初物を捧げれば無事にやりすごせるんだ」

PART.5 巨大な怪異

Point 真っ黒な肌

Point 海から飛び出した上半身

怪異であっても可能な限りリアリティを追求

　想像してみてください。体長数十mもの謎の生物が、夜の海から突如現れることを。神出鬼没の怪異「海坊主」に遭遇すると、船体を沈められたり、船主をさらわれたりして、甚大な被害に見舞われます。しかも強大な妖力を持ち、出現する際は嵐を発生させて海を大荒れにします。

　海が舞台のファンタジー物語であれば、是が非でも登場させたい魅力的な怪異に映るでしょう。が、安易な起用は避けるべきです。怪異であっても可能な限りリアリティを追求し、しっかりと脇を固めてください。

　なぜ巨大化したのか、どうして船を沈めるのか、船主をさらう理由は？ など、そこまで大きくなった理由や、人間を襲う行動原理を明らかにすることで、読者の物語への没入度が高まります。ここが重要なポイントです。

NO.05

見上げるときがない

見越入道
（みこしにゅうどう）

別名

高坊主（たかぼうず）、次第高（しだいだか）、入道坊主（にゅうどうぼうず）、伸上り（のびあがり）、高入道（たかにゅうどう）、乗越入道（のりこしにゅうどう）、見上げ入道（みあげにゅうどう）

概要

夜道に突然現れる僧姿の妖怪。見上げるほどに、どんどん巨大化していく。そのまま見ていると死ぬこともあり、また見上げたままうしろに倒れると、のど笛をかみ裂かれるとも伝えられている。

特徴・能力・弱点

- 分かれ道、石橋、木の上などに姿を現す
- 5丈（約15m）ほどもある大男
- ろくろ首のような長い首が特徴の種類もいる
- 頭の上を飛び越されるとのどを絞められ、最悪そのまま死に至ってしまう
- 目の前へと顔を突き出して驚かせてくる

- 正体をイタチやキツネ、ムジナが化けたものとする説も
- 疫病神であり、人々におそろしい熱病をばらまく
- 見上げるとどんどん巨大化する
- 見上げずに、もとの目線に戻すと小さくなっていく
- 「見越入道見越した」もしくは「見越入道見抜いた」と唱えると消える

怪異の特徴を表現する文例

暗がりの道にひとりの男が立っていた。背の高い男だった。俺もまた立ち止まり、男を凝視した。何かがおかしいと感じたからだ。すると男はどんどん大きくなっていく。見上げれば、見上げるほどに。

PART.5 巨大な怪異

Point
坊主頭

Point
僧侶の姿

謎だらけの姿形や言動を自分なりに紐解く

　物語における背景とは、登場人物の生い立ちや過去に起きた事件などを指します。これらの情報は物語の理解を深めるために必要な要素であり、きちんと補完することでストーリーに奥行を持たせられます。

　さて、「見越入道」は謎が多い怪異です。うっかり見上げると喉を絞められたり、命を奪われたりします。また見上げる人を飛び越え、首を伸ばして顔を突き出すこともあります。そんなときは「見越入道見越した」と唱えれば消えます。かつては怪異の長だったといいますが、正体不明です。**怪異の面白さのひとつに、謎だらけの姿形や言動を自分なりに紐解き、過去の背景を想像で組み立てること**があります。はたして見越入道はどのような経緯でかような怪異となったのか、想像をめぐらせてみてください。

NO.06

成仏できなかった魂の集合体

◉ がしゃどくろ

別名

——

概要

戦で敗れたり野原で行き倒れたりして亡くなり、そのまま埋葬されなかった者たちの霊が集まって、巨大ながい骨の姿になった。生きている者を見つけると襲いかかって、握りつぶして食べてしまう。

特徴・能力・弱点

- 埋葬されなかった者の恨みが集まってできた
- 昼は姿を見せず、人気のない野原に潜んでいる
- 身長が数十mもあり、大きすぎて全身が見えないことも
- 夜更けにガシャガシャという音を立ててさまよい歩く
- 生者を見つけるとどこまでも追いかけてくる
- 生前と同様に、怪異となったあとも飢えに苦しんでいる
- 人間を捕えようと手を伸ばし、握りつぶしにかかる
- 握りつぶした人間をまるまる食べてしまう
- 遭遇し、その姿を見た者は病に侵される
- 大きいわりに身のこなしがすばやく、俊敏性が高い

怪異の特徴を表現する文例

ガシャ、ガシャ、ガシャ。奇妙な音が近づいてきた。直後、斜め向かいの家の屋根の上から巨大な骸骨がこっちを見ていた。そいつの骨の腕がにょきっと伸びてきた。捕まれば殺される。そう思った。

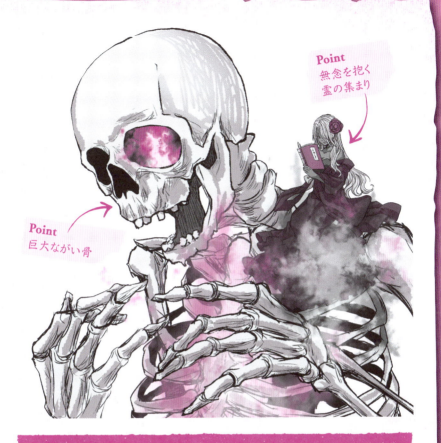

口裂け女と同じく昭和時代に生まれた怪異

　背丈が数十mもある「がしゃどくろ」は、合戦で亡くなった戦死者の霊が集まり、巨大な骸骨の姿になりました。真夜中に骨と骨が軋むガシャガシャという音を立てながら徘徊し、人を見つけては頭から食べます。

　いかにも戦国時代に生まれた恐ろしい怪異のようですが、じつは古来の人から人へと伝承された怪異とは出自が大きく異なります。PART.1の口裂け女と同じく昭和時代に創作された怪異なのです。ちなみに、がしゃどくろの生みの親は斎藤守弘という作家で、イギリスの幽霊譚をヒントに創作したという逸話があります。とはいえ、==怨念や死霊を感じさせるキャラ感は絶妙のクオリティ==。つまり令和であっても、大昔からの怪異に引けを取らない新たな怪異を創造することが可能だということです。

NO.07

温厚で心優しき働き者

だいだらぼっち

別名

大太法師、だいだぽっち、でいだらぽっち、でーらん坊

概要

山のように大きな体を持った力持ちの巨人だ。土を積み上げて山をつくったり、穴を掘って沼をつくったりする。人間に悪いことはせず、むしろ協力的で、難しい土木作業を手伝ったという伝説も各地に残っている。

特徴・能力・弱点

- 近江（滋賀県）の土を掘り、その跡が琵琶湖になった
- 掘った土を盛り上げ、富士山を形成した
- 長野県の青木湖、中綱湖、木崎湖はだいだらぼっちの足跡
- 赤城山に腰かけ、利根川で足を洗った
- かなりの力持ちで重労働をものともしない

- 人間に優しく、穏やかでとても友好的な性格
- 手のかかる大変な土木作業をいともたやすくやってのける
- 大きすぎて体長がどれほどあるのか測ることができない
- 人間の子どもを手のひらに乗せて歩く
- 働き者で人間の作業をよく手伝ってくれる

怪異の特徴を表現する文例

先日の土砂崩れで山道が通れなくなった。村人たちが懸命に岩や木を運んでいるものの、埒が明かない。近隣の山々が揺れ、鳥の群れが羽ばたいたのは直後のこと。だいだらぼっちが助けにきてくれた！

PART.5 巨大な怪異

Point 山や湖をつくり出す巨体

Point 穏やかさのにじむ顔

誰も知らない素顔をイメージして文章化する

　「だいだらぼっち」は、富士山を背負おうとした逸話を持つ伝説の巨人。それくらい巨体の力持ちでありながら、性格は温厚。人間に危害を加えることはありません。恐ろしい怪異が多いなかでは珍しい存在です。

　と、ここで話は変わります。物語創作におけるキャラクター造形でもっとも大切なのは、ある人物に激怒、悲哀、驚嘆といった激しい感情を抱かせ、その瞬間、どんな反応や言動に出るかを徹底的に空想すること。だいだらぼっちのように穏やかな巨大怪異が、突発的な不幸で我を忘れる状況に陥れば、どのように変貌するでしょうか。**普段とは真逆の姿を描写できる想像力と筆力を鍛えてこそ、書き手はスキルアップ**します。誰も知らないだいだらぼっちの素顔をイメージし、文章化してみてください。

NO.08

あまりに奇怪な人の顔

三目八面
（さんめやづら）

別名

――

概要

３つの目と８つの顔を持つ怪物。高知県の申山（さるやま）に潜み、通りゆく人々を捕まえては食べていた。その姿は伝承にも残っていないためはっきりしていないが、村からはみ出すほど巨大だったという。

特徴・能力・弱点

- 山中になりを潜め、通行人を食らおうとつけ狙う
- かなり凶暴で強さも備えており、危険度は高め
- 土佐山の豪族の弟、注連太夫（しめだゆう）に退治された
- 山鎮めの御幣を立てられ、申山に火を放たれて焼死した
- 炎が弱点のため、火器を用いて攻撃するのが有効
- 人間のような、また八俣大蛇（やまたのおろち）のような姿をしている
- すべての顔にそれぞれ目が３つついている説や、８つある顔のうち３つだけに目がひとつずつついている説も存在
- 「目玉をよこせ」といって襲いかかってくる
- 同じ高知には８つの頭の大蛇・八面頬（やつらお）の伝承もある

怪異の特徴を表現する文例

不気味極まりない三目八面に何人食べられたかわからない。そんなとき、注連太夫という豪族が現れた。山鎮めのまじないをして火炙りにすれば退治できるという。村人の誰もが藁にも縋る気持ちだった。

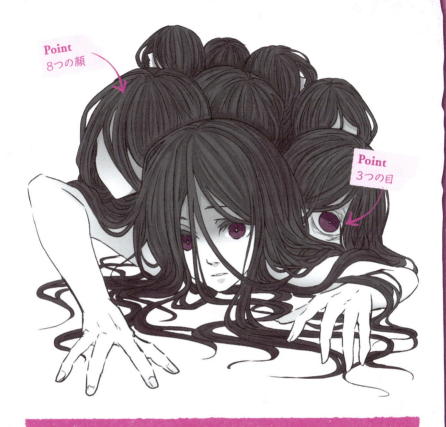

Point 8つの顔

Point 3つの目

PART.5 巨大な怪異

佳境で成敗される場面を事前に考慮する

　「三目八面」は恐ろしい怪異の条件を満たします。まずモチーフが人間である点。獣や鬼の怪異も怖いですが、人間が変形した奇怪さには敵いません。またその名の通り、3つの眼に8つの顔を持ちます。頭や顔のパーツ数が異形な様には有無をいわせぬ不気味さが漂います。さらには隣村にかかるほど巨大で特技が人食いとくれば、恐怖以外の何者でもありません。

　最恐な怪異は憎きヒールとして存在感を放つものの、留意すべきポイントがあります。それは**弱点の設定と、迎え撃つヒーローの強さレベル**。倒されてこそヒールの役割を果たすため、**佳境で成敗される場面を事前に考慮しましょう**。つまり、その恐ろしさを如実に描きながらも、弱みや正義の味方の強靭さが不自然にならない全体構成力が求められるのです。

155

NO.09

怪しくうごめく大きなムカデ

大百足

別名

――

概要

巨大な百足の妖怪。昔、滋賀県の三上山に出没し、琵琶湖に棲む龍神一族を苦しめていた。しかし、一族の娘に依頼された俵藤太によって、格闘の末に退治される。

特徴・能力・弱点

- 山を7巻き半するほどの大きさで全長は数十kmほどにも及ぶ
- 矢が通らないほど強固な外殻に覆われ、防御に優れる
- 頑丈な牙で獲物にかみつく
- 大蛇や龍神に匹敵するほどの、強力な妖力を持っている
- 人間の唾液に弱い
- 唾をつけ、祈りを捧げた〝降魔の矢″で貫かれて死に至る

- 誰にでも突進して襲いかかってくる凶暴性を持つ
- 強力な毒を有し、どんな敵でも殺せるほどの威力がある
- 三上山から琵琶湖まで一気に駆け降りることができる機動力
- 百足は後退しないといわれ、突進力に秀でる
- 赤く光沢のある足は、その数2000本にも及ぶ

怪異の特徴を表現する文例

森のなかから突進してきた化け物を見て、侍大将が叫んだ。「大百足だ。弓を放て！　殺せ」その命令に呼応して一斉に矢が放たれた。しかし、巨大ムカデの外殻は硬い。まるでこちらの攻撃が通じないのだ。

156

Point 先の鋭い無数の足

Point 長く続く体

山を7巻き半するほど巨大なムカデ

　普通のムカデでも恐れ慄く人は多いはず。「大百足（おおむかで）」を目の当たりにすれば、絶句して身動きできなくなるでしょう。何しろ山を7巻き半するほど巨大なムカデです。しかも無数の足を活かして機動性が抜群のうえ、頑強な巨体で猛進してきます。襲われれば間違いなく命の危険に晒されます。
　ですが、**大百足が敵ではなく、味方ならばどうでしょう？**
　これほど頼もしい仲間はいません。そして実際のところ、大百足を物語に起用するなら、正義の側という設定も可能です。禍々（まがまが）しい姿形から意外に思われますが、仏教の毘沙門天の使いとか、鉱山と鍛冶の神様といわれているからです。とはいえ**最初から味方の設定ではどこかご都合主義的**。中盤以降、あるきっかけで味方へと転じる展開のほうが盛り上がります。

NO.10

度肝を抜くサイズ感

大首(おおくび)

別名

—

概要

不気味な首だけの妖怪。江戸時代の書物に多く登場し、その後広く浸透していった。一度見たら忘れられないほどのインパクトがある。滅多に姿を現さない稀な存在だ。

特徴・能力・弱点

- かなり巨大で、2〜3mほども大きさがある
- 玄関先に出ると戸口いっぱいに顔をのぞかせている
- 雨上がりの空に浮かび、こちらを見下ろしている
- つねにニタニタと笑い、感情の読めない表情
- 顔に触れてみるとネバネバした独特の感触
- 息を吹きかけられ、当たった部分が黄色くはれ上がる
- はれた部分は、医者にかかり処方された薬を飲めば治る
- それほど攻撃的ではなく、人を驚かせてばかりいる
- 何が起こっても動じず、どっしりと構えている
- 既婚者であることを意味するお歯黒の大首が多い

怪異の特徴を表現する文例

まったくもって謎の怪異だ。町奉行も打つ手がないらしい。何しろゆうに一間を超す大きな顔が空に舞っているのだ。神出鬼没で、被害者も後を絶たない。体が腫れた者や、気がおかしくなった者までいる。

PART.5 巨大な怪異

Point
特大の生首

Point
にこやかな面持ち

正体は人間の怨念や霊魂といわれるも

　インパクトという点において「大首」は、怪異でトップ3に入ります。2m以上もの巨大な人間の生首が、いきなりぬっと現れて驚かせるわけですから、これで肝を潰さない人はいません。ほとんどはお歯黒の女性だというものの目撃例は多数あり、ただニコニコと笑いかける大首もいれば、異様な息を吹きかけくる大首もいます。とすれば、**年齢や性格や特技がさまざまな大首を物語に登場させるのもありかもしれません。**もちろん、敵側の大首、味方側の大首もキャスティング可能です。

　正体は人間の怨念や霊魂といわれるも、タヌキやキツネが化けたという説もあり、多様な個性の大首が考えられます。**何しろキャラ立ちは抜群なので、役柄がフィットすれば際立った存在感を放つでしょう。**

COLUMN 5

戦う相手の描写を含めて
収集がつかなくなる

　日本を代表する巨大な怪異ばかりを集めた PART.5 です。

　が、古来から伝承されたエピソードも少なくないため、それらの
ダイナミックなスケール感に驚かれたのではないでしょうか。

　許容範囲内は「大首」くらい。巨大な生首のサイズが2m以上と
あり、大柄な人間の体躯より数十cmほど大きい感じ。これならイ
メージできます。続いて「がしゃどくろ」は背丈が数十m。漠然と
した数字ですが、なんとかイメージできなくはありません。

　巨大な怪異の本領発揮はここからです。まず「海坊主」は体長数
十m。「三目八面」は隣村にかかるほどとあります。そして「大百足」。
なんと山を7巻き半するほど巨大なムカデだといいます。こうなる
と完全に想像の範疇外ですが、さらにスケール感がかけ離れてビッ
グなのは「だいだらぼっち」でしょう。何しろ富士山を背負おうと
した逸話を持つ伝説の巨人です。ここまで巨大だと、怪異といえど
完全に理解のレベルを超えてしまいます。

　現代の書き手が巨大な怪獣やモンスターを描くとき、まず建物の
高さを目安にします。床面から上階の床面までの高さを階高と呼び、
その目安は3mが一般的。とすれば、大きな怪獣でも、ビル10階
建て＝30mくらいが許容範囲といったところ。あまりに巨大な怪
異を物語に登場させてしまうと、戦う相手の描写を含めて収集がつ
かなくなるため注意が必要なのです。

本章のPOINT

PART.6

怖さだけじゃない
一風変わったユニークさ

　しっかりとした内容構成のなかにも、息抜きとなる部分は必要です。緊迫しっぱなしのストーリーでは読者も疲れてしまいます。

　そこで取り入れていただきたいのが、本章で紹介する異形の怪異です。異形であるために怪異らしい怪しさは感じるものの、**単純な怖さだけではない、ユニークさを兼ね備えています**。見る人をほっこりさせる、独特の愛嬌があるのです。怖いだけが怪異ではない、そう気づかせてくれる存在といえるでしょう。

　このユニークさを自分なりにアレンジすることができれば、オリジナリティあふれる創作にもつながります。

General remarks

　単調な物語に豊かさが生まれ、世界観の幅がぐっと広がるはずです。

　そして、**見た目のユニークさも大切ですが、それに伴った性格を付与することも念頭に置いておきましょう**。特徴的なしゃべり方や特性を備えさせ、キャラクターとしてのつくり込みをしっかり行うのです。そうすることで、一端(いっぱし)の怪異で終わらせず、読者に愛される存在へと昇華させることができます。

　本章では、個性派の怪異をメインに紹介しています。味のあるキャラクターになるポテンシャルを秘めているものたちばかりなので、そのユニークさを存分に感じてみてください。

NO.01

業火をまとった車輪

輪入道（わにゅうどう）

別名

かたわ車（ぐるま）

概要

片輪だけの牛車の車輪の中央に、恐ろしい表情を浮かべた仏僧の顔が張りついている。炎をあげながら夜の街を走りまわり、その姿を見てしまうと魂を抜かれたり、見た者の子どもが殺されたりするという。

特徴・能力・弱点

- 京都の街中に出現し、人々を恐怖のどん底に陥れる
- 夜道を煌々と照らすほどの灼熱の炎に包まれた車輪
- 深夜の都会の街中や上空を一晩中、猛スピードで走り続ける
- どんな障害物も突破する走破性を持っている
- ゴロゴロと車輪が回る音とともに近づいてくる
- 人を狙うため怨霊の一種だと考えられる
- あまりの恐ろしさに見ただけで気が狂ってしまう
- 〝此所勝母の里〟と書いた札を家に貼ると輪入道が近づけない
- 人間の言葉をしゃべり、字を読むこともできる
- かたわ車という車輪に乗った女の妖怪が仲間との説がある

怪異の特徴を表現する文例

炎の塊が迫ってきた。燃える車輪だ。しかもいかつい男の顔がある。「これが噂の……」恐怖で動けないまま、そう思ったときはすでに遅かった。プツンと意識が途切れる。魂を抜かれた、奴に、輪入道に——。

Point
燃え盛る車輪

Point
真ん中に
人間の顔

呪符を玄関に貼ると近づけない

　傍若無人。目立ちたがり屋。はた迷惑。独りよがり——。
　「輪入道」を表現するなら、これらの語彙がすべて当てはまります。
　轟轟と燃え盛る業火を纏い、車輪の真ん中で恐ろしい表情を浮かべ、深夜の京都の町を暴走する輪入道の目的はただひとつ。自分の雄姿を人間に見せつけるためです。そして見た者の魂を抜いたり、子どもを殺したりと、傍若無人の非道な蛮行に及びます。一方で、輪入道の出生や素性については特に深掘りした伝承が見あたらず、怒りの根源は謎のまま。
　ただ〝此所勝母の里〟と書いた紙を呪符として玄関に貼っておくと、輪入道が近づけないといわれます。そのあたりから怪異と成り変わった過去を紐解けば、面白いリブート版ストーリーが創作できるかもしれません。

NO.02

朧月夜に街を徘徊する

朧車（おぼろぐるま）

別名

——

概要

牛車の屋形部分から巨大な顔がのぞいている車型妖怪。ぼんやりと霞んで見える月夜に、車の軋む音を立てながら現れるという。見た者を驚かせるが大きな悪さをするわけではない。

特徴・能力・弱点

- 平安時代、京都の賀茂の大路に出現した
- 屋形のなかに、巨大な恐ろしげな老婆の顔がついている
- 車体の大きさは通常の牛車とさほど変わらない
- ぼんやりとした月明りに覆われる朧月夜になると現れる
- 夜の街中を走るので、誰もがつい気になって見てしまう
- 朧車の姿を見ると疫病にかかってしまう
- 朧車を見たくなければ、車輪音を無視して家から出ないこと
- 軋みながら街中を走るだけで、猛スピードを出すわけではない
- 昔、見物の場所とりに負けた貴族の恨みの念が妖怪化した
- 古い器物に恨みの念が宿ってできた付喪神（つくもがみ）の一種という説も

怪異の特徴を表現する文例

こんな朧月夜には、不気味極まりないあいつが現れる。でも大丈夫。妻も子どももみんな家にいる。と、独特の車輪音が響いてきた。特に悪さをするわけではないと聞くが、見ないに越したことはない。

Point
屋形から張り出す大きな顔

Point
自分で操縦する牛車

動機も恨みの晴らし方もユニークな怪異

　怨念や憤激で人が転生して奇矯な怪異に化けるなら、怪異がふたたび転生して別の怪異にキャラ変することも可能ではないでしょうか。
　「朧車」は平安時代に祭りを見物する牛車がいい場所を取り合う〝車争い〟で負けた恨みから生まれた怪異だといいます。しかし悪事を働くわけでもなく、大きな顔を乗せた牛車で夜の京都を走り回るだけ。動機も恨みの晴らし方もユニークです。前頁の輪入道と違って誰も傷つけません。とはいえ、それなりの妖力は持ちます。であれば、**ただ京都の町を走り回るのではなく、客を乗車させたり、祭りを案内したりと、有益な行いをする怪異**になったほうが世のため人のためというもの。
　元が貴族というギャップもあり、キャラ変すれば人気が集まりそうです。

NO.03

歩行者の前に立ちふさがる巨大な壁

ぬりかべ

別名

タヌキのぬりかべ、イタチのぬりかべ

概要

見えない壁のような妖怪。夜道を歩いていると見えない壁が現れ、前へ進めなくなってしまう。横をすり抜けようとしても、左右どこまでも続いていて、避けることもできない。

特徴・能力・弱点

- 通行人の邪魔をするだけで、大きなイタズラはしない
- 壁を避けようと山道を歩くと、どんどん道に迷ってしまう
- 蹴飛ばしたり、棒でたたいたりしても壁を壊すことはできない
- その場に座って煙草をふかすと視界が開ける
- 棒で下のほうを払えば壁は消えてなくなる
- 夜に歩いていると急に目の前を真っ暗にされる
- 透明なため、本当の姿を見た者はいない
- 3つ目の獅子か犬のような姿で描かれた妖怪画も存在
- タヌキやイタチが化けたとの説もある
- 大分県佐伯市では、妖怪・小豆とぎとともに現れる

怪異の特徴を表現する文例

「あれ、どういうことなの？」思わず声が出た。誰もいない夜道を歩いていると、急に前へと進めなくなった。見た目は何も変わらないのに。まるで誰かに通せん坊されてるみたい。「何なの？謎すぎるわ」

PART.6 異形の怪異

Point
地から出現した
岩壁

Point
見えない正体

その妖力にふさわしい場所と状況は？

　名前は「ぬりかべ」ですが、その姿は肉眼では見えないといいます。よって本当に壁のような体をしているのかはわかりません。

　とはいえ伝承によれば、ぬりかべは夜道を歩く人の前に立ちふさがり、先へと進めなくします。その様があたかも壁に塞がれているようなので、名前の由来となっています。と、ここまで読めば、ぬりかべの妖力にふさわしい場所と状況がすぐに浮かぶはず。

　そうです。戦闘の最前線こそがぬりかべの妖力を最大限活かせるシチュエーションなのです。何しろ敵の目の前に立ちふさがって行く手を遮りながらも、相手はまったく気づかないわけですから。まさに最強の防御キャラ。通行人相手にいたずらをして遊んでいる場合ではありません。

169

NO.04

軽やかに空中を舞う布

一反木綿（いったんもめん）

別名

——

概要

木綿のような長い布の姿の妖怪で、夕暮れどきにヒラヒラと飛来し、人の首に巻きついたり、顔に張りついて窒息させたりして襲ってくる。人の体にぐるぐると巻きついたまま空へ飛び去ってしまうこともある。

特徴・能力・弱点

- 鹿児島県に出現する
- ほとんどが白い布の姿
- 一反（長さ約10.6m、幅約30cm）ほどのサイズ感
- 人間に遭遇すると、殺すために追いかけてくる凶暴性を持つ
- 特定に人物を狙うのではなく、通り魔的な無差別襲撃をする
- 飛行速度はそこそこだが、人を襲うスピードはかなり速い
- 一度顔にへばりつくと窒息死するまでは離れない
- 切りつけると、流れた血の痕だけを残して姿を消す
- 出現する時間帯としては夕方か夜が多い
- 布の付喪神だという説がある
- 鹿児島県のある地域では、子どもが夜に出歩かないように、一反木綿が出るぞといい聞かせる

怪異の特徴を表現する文例

突如、空から白い布が落ちてきた。次の瞬間、首に巻きついてきた。こいつが一反木綿って化け物だな。俺は迷わず腰に差した刀を抜いたところ、今度は口と鼻に張りつき、直後には息ができなくなった。

Point
ひらひらと舞う
白い布

Point
すばやさを
備えた身軽な体

PART.6 異形の怪異

急降下すると危険かつ残忍な本性が露わに

　前頁のぬりかべが最強の防御キャラなら「一反木綿」は最強の隠れ攻撃キャラ。あえて"隠れ"とつけたのは、見た目がまるで怖くないからです。その名の通り、1反＝約1,060cmの白い布が空をひらひら舞っているだけ。鋭い牙があるわけでも、炎を纏っているわけでもありません。
　ところが急降下してきたとたん、一反木綿は危険かつ残忍な本性を露わにします。長い布の体で首を締め上げ、顔をぴたりと覆って窒息させ、あげくには人間を包み込んで空に飛び去ってしまいます。
　そのバトルスキルと飛行能力を駆使して攻撃を仕かければ、戦闘の最前線で大活躍するでしょう。さらには**空を真っ白に染めるほどの一反木綿の大群が急襲するシーンを描けば、壮観で見応えあるに違いありません**。

NO.05

荒れた畑に出現する泥だらけの姿

泥田坊(どろたぼう)

別名

―

概要

全身が泥でできた、ひとつ目の老人の姿をした妖怪。荒れた田から現れ、「田を返せ」と絶叫する。亡くなった老農夫が遺した田んぼを子どもが売り払い、酒びたりの生活を送っていたら現れたという。

特徴・能力・弱点

- 故人の無念さが荒れた田んぼに取り憑いたもの
- 北陸地方の米どころの農地に出没する
- うんざりするほど毎晩のように荒れた田んぼに現れる
- 「田を返せ」と遠くまで響き渡る悲し気な叫び声をあげる
- 「返せ」というのは「耕せ」という意味
- 手の指は3本で、泥だらけの上半身を田からのぞかせている
- 泥田に埋もれたまま人につかみかかろうともがく
- 捕まると泥のなかに引きずり込まれてしまう
- 特に勤勉に働かない者を狙う
- 田んぼからは出られないため、遭遇したらその場から離れさえすれば安全

怪異の特徴を表現する文例

「田を返せぇ！」あの声が聞こえたとたん、我が子が恐怖で顔を歪めた。可哀そうだが、いい機会だ。「ほら、お前も働かないと、あの化け物にさらわれるぞ」すると息子は泣きながらも、素直に肯いた。

Point
覆うように
まとわる泥

Point
田から出現した
上半身

現代の世直しのために必要な怪異キャラ

〝親心子知らず〟とはこのことでしょう。
　そもそも「泥田坊」が怨霊と化した事由は、我が子のためにたくさんの田畑を残したのに、怠け者の子どもたちが働かず、荒れ放題になってしまったからです。それゆえ手入れされてない荒れた田畑に出現し、「田を返せ、田を返せ」と叫びます。ビジュアル的にイタい感が強いのも納得です。すべては怠惰な我が子への憤怒。近年では、東北地方を舞台とした泥田坊がモチーフの怠け者に対する訓戒の物語が描かれています。とはいえ、**根が生真面目なこのキャラは、ほかにも活躍の場が拓け**そうです。勉強しない子、親不孝な子、非行に走る子、いじめっ子などなど。挙げればきりがないくらい、**現代の世直しのために必要な怪異キャラ**ではないでしょうか。

NO.06

真実を映し出す鏡

雲外鏡(うんがいきょう)

別名

照魔鏡(しょうまきょう)

概要

人やものに化けた魔物の正体を明らかにする魔力を持つとされる鏡の妖怪。100年を経た鏡が付喪神となり、妖怪化したといわれる。鏡面には、不気味な顔が浮かび上がっている。

特徴・能力・弱点

- 一般的な丸鏡と変わらない大きさと形をしている
- 鏡の土台部分が手足のようになり動き回ることもできる
- 魔物の正体を映し出す
- 鏡面に映る顔は、雲外鏡本体の顔かもしれないし、見破った魔物の正体の顔かもしれない
- 鏡のなかに妖怪が住みついてこの姿になったとする説も
- 悪さをするのではなく、人間の役に立つ場合が多い
- 大ダヌキのような姿の種類もいて、腹にさまざまなものを映す
- しゃべることはないが、いいたいことがすべて鏡面に写る
- すべての魔を見破るため、相当な妖力を保持する
- 化けた魔物は雲外鏡の鏡面に反射した光を嫌う

怪異の特徴を表現する文例

油断ならない正体不明の男が城へやって来た。すると「殿、例の鏡ならば本性がわかるかと」小姓がわしに耳打ちしてきた。そうか、その手があった。わしは照魔鏡を持ってこさせ、男へ向けるよう命じた。

PART.6 異形の怪異

Point
力を秘めた本体

Point
魔物の正体を
映し出す鏡

魔物の正体を映し出す特殊な眼力を持つ

　長い歳月を経た古い鏡が怪異と化した「雲外鏡」には、特筆すべき攻撃的な妖力はありません。とはいえ、唯一無二の力を備えます。魔物の正体を映し出す特殊な眼力です。そんな雲外鏡の手にかかれば、**人間の奥底に潜む魔性の心や凶悪な本性など、いともたやすく暴き出せるはず**。
　だとすれば雲外鏡の妖力は、現代が舞台の物語でも重宝されるでしょう。とりわけミステリー系では犯人捜しでその力を如何なく発揮できるものの、反面であっけなく事件が解決できるため、ハラハラドキドキの展開は期待できなくなります。正体を探りたいけど、すぐにわかってしまえば物語が成立しないという二律背反を考えれば、雲外鏡の出番は必要とされないのかもしれません。便利なようで案外、使い勝手の悪い存在といえます。

175

NO.07

口だけの蛇に似た妖怪

野槌(のづち)

別名

つちのこ

概要

太くて短い蛇のような妖怪。目や鼻は存在せず、大きな口だけが備わっている。野の精霊ともされる。山奥に棲み、基本は動物を食べるが、人間を見つけると襲いかかって食おうとする。

特徴・能力・弱点

- 山奥にある木の穴のなかに潜んでいる
- 大きいもので体長約90cm、直径約15cm
- 小さいものでは体長10cmほど
- 頭と尾が均等の太さで、その姿は槌に似ている
- 山で出会っただけでも病気をわずらい、高熱で死んでしまう
- 寝るときはいびきをかく
- 沖縄県や北海道では目撃例がなく、主に本州に出没
- 兎やリスといった動物のみならず、人間も食べる
- 大きな口に潜む鋭い牙で足に噛みついてくる
- 身体能力が高く、勢いよく飛び上がることも可能
- 坂を登るのが遅いため、出会ったら高いところへ逃げるとよい

怪異の特徴を表現する文例

山肌を転がり落ちるように野槌が襲ってきた。逃げても逃げても追ってくる。体長は3尺もないが、捕まれば食われる。「こっちだ！ 奴は坂道を登れない」高い場所から山伏が叫び、手招きする。

Point 目・鼻がない

Point ずんぐりとした姿

PART.6 異形の怪異

創作において〝絶好の素材〟となる

　今なお日本に生息する説が息づく未確認動物ツチノコの原型といわれるのが「野槌」です。その体はずんぐりで、大きな口があるものの、目鼻はないといわれます。山で人間を発見すると、坂道を転がるようにして弾みをつけ、襲いかかってきます。とはいえ、体長は10cmから90cmくらいと大ざっぱなうえ、いびきをかくとか、日本酒が大好物など、諸説紛々の様を呈し、いまひとつ実態が掴めません。このように実像や特徴が定かでない怪異は、創作において〝絶好の素材〟となります。なぜなら**書き手の感性や物語の世界観によって、自在なアレンジを施してのモディファイ（変更）が許されるからです**。伝承の情報を参考にしながらも独自キャラを構築し、奇想天外で唯一無二の野槌を描いてみましょう。

NO.08

そっと背後で震えている

震々（ぶるぶる）

別名

臆病神（おくびょうがみ）、ぞぞ神（がみ）

概要

全身を「ぶるぶる」と震わせている女の姿の妖怪。人間の襟もとに取り憑いて、ゾゾッとした感覚を与える。取り憑かれた人間は、臆病になって何もできなくなってしまう。

特徴・能力・弱点

- 弱い心を生じさせ、何事にも臆病にさせる
- 恐怖心をあおり、全身の毛をそそけ立たせる
- 取り憑いた人間の勇気、やる気を奪ってしまう
- 髪の毛1本1本も震わせた白い女の姿をしている
- ところてんのような白いフワフワした姿との説も
- 僧侶にお祓（はら）いをしてもらうと、体から追い出すことができる
- 人気のない場所に現れ、そっと人に取り憑く
- 夏場であっても、取り憑かれると寒気がしてしまう
- 大物妖怪が現れる前触れとして人に取り憑く妖怪
- 経験を積んだ人間には取り憑くことができない

怪異の特徴を表現する文例

「おい、どうした？　刀を抜け」対峙する宿敵の十兵衛にいわれても、何も返せない。ただ突然、背筋がぶるると震え、動けなくなったのだ。「貴様、臆病神にでも取り憑かれたか？」十兵衛がせせら笑う。

起用次第では大役を担える妖力を持つ

　非常に姑息な手段ですが、「震々」さえ味方にしておけば、大抵の勝負事は勝てます。そのように認知しておきましょう。

　別名、「臆病神」「ぞぞ神」とも呼ばれる震々は、それらの名前の通り、取り憑いた人間を臆病にし、何もできなくしてしまいます。つまりメンタルを弱くするわけですから、憑りつかれたほうは堪ったものではありません。当然、勝負事に勝てるはずはなく、ことごとく大敗を喫します。それでいてまわりの人間は、震々に取り憑かれているなど、つゆぞ思いもしません。人間の肉眼では視認できないからです。

　地味な怪異ではあるものの、起用次第では大役を担える妖力を持つ震々。**ある意味では幽霊の元祖ともいえる、ちょっと不気味な存在**です。

COLUMN 6

王道の勧善懲悪や
ハッピーエンドである理由

　なぜ人は怪異の恐ろしい逸話や伝記が好きなのでしょうか。怪異の物語が今なお息づく現実は、訓話や説法として語り継がれただけではなく、人の心理的な作用が大きく影響しているといいます。

　そもそも人の感情のなかで、脳に一番のインパクトを与えるのは恐怖です。恐怖を感じるとき、人は固有のホルモンを分泌して警戒態勢を整えます。そうして恐怖を無事に乗り越えると、悦楽を感じる幸せホルモンのドーパミンが分泌されます。つまり、恐怖に打ち勝った先に訪れる快感や満足感です。

　ホラーをはじめとする恐ろしい作品を人が見たがるのは、ドーパミンが分泌される快感や満足感を得たいがためだといわれます。

　さらにフィクションだと認知された恐怖に浸る時間は、現実のさまざまな憂慮や不安から一時的に解放される効果をもたらします。同時に、フィクションであっても恐怖を乗り越えて快感や満足感を覚えることで、メンタルを前向きにする作用が働きます。

　とすれば、古くから人々が怪異の伝承を見聞きしたのは、エンタメホラーの面白さに触れたかったからでしょう。あるいは苦しい現実を片時忘れ、心に自信や勇気を取り戻したかったのでは。そのように考えると、怪異の物語の多くが王道の勧善懲悪であったり、神へと転じるハッピーエンドであることに納得がいきます。そして怨霊による復讐劇は自身が抱える怒りの投影なのかもしれません。

STEP.1

怪異の見た目を
文章で表現してみよう

カッコいい怪異を
表現するネモ

怪異の見た目を自分なりに考えて、書き出してみましょう。イラスト通りでなくてもオリジナルでOKです。

NO.01　　　　　　　　　　　　P.152〜153

だいだらぼっち

―――――――――――――――――――――
―――――――――――――――――――――
―――――――――――――――――――――
―――――――――――――――――――――

NO.02　　　　　　　　　　　　P.036〜037

山本(さんもと)五郎左衛門(ごろうざえもん)

―――――――――――――――――――――
―――――――――――――――――――――
―――――――――――――――――――――
―――――――――――――――――――――

書き込み式 怪異表現練習シート

NO.03　　　　　　　　　　　P.018〜019

雪女

NO.04　　　　　　　　　　　P.020〜021

のっぺらぼう

NO.05　　　　　　　　　　　P.022〜023

座敷童子
（ざしきわらし）

※私的利用に限り、コピーしてお使いください。

STEP.2

怪異の能力について書いてみよう

魅力的な能力にするんだネモ

STEP.1 の見た目に合った、怪異の能力を考えてみましょう。
体を使った攻撃、怪しい妖術、癒しの力など、創作の幅は無限です。

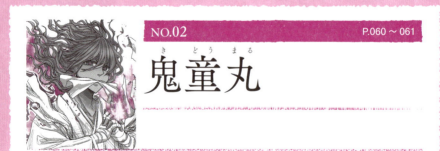

NO.01　　　　　　　　　P.024 〜 025
口裂け女

NO.02　　　　　　　　　P.060 〜 061
鬼童丸（きどうまる）

書き込み式 怪異表現練習シート

NO.03　　　　　　　　　P.112〜113

かまいたち

NO.04　　　　　　　　　P.102〜103

後鳥羽上皇
（ごとばじょうこう）

NO.05　　　　　　　　　P.154〜155

三目八面
（さんめやづら）

※私的利用に限り、コピーしてお使いください。

STEP.3
怪異の弱点について書いてみよう

STEP.1の見た目、STEP.2の能力を踏まえて、怪異の弱点を考えてみましょう。弱点はキャラクターのギャップにもなります。

NO.01　　　　　　　　　P.072〜073

夜叉
(やしゃ)

NO.02　　　　　　　　　P.032〜033

笑い女

書き込み式 怪異表現練習シート

NO.03　　　　　　　　　　　　P.120〜121

河童
(かっぱ)

NO.04　　　　　　　　　　　　P.116〜117

千疋狼
(せんびきおおかみ)

NO.05　　　　　　　　　　　　P.150〜151

がしゃどくろ

※私的利用に限り、コピーしてお使いください。

187

朝里 樹が選ぶ！ 創作でオススメしたい 最恐怪異

Q.1 創作キャラの主人公に起用したい怪異は？

👑1 鈴鹿御前(すずかごぜん)

3本の宝刀、空飛ぶ車、予知能力など、主人公として使いやすい要素がたくさん持っているので、起用するなら彼女ですね。

2 茨木童子(いばらきどうじ)

鬼の頭領、酒呑童子の片腕であり、酒呑童子の一味が全滅したあとにひとり生き残るなど、ドラマ性も抜群。

3 須佐之男命(すさのおのみこと)

日本神話において一部の物語の主人公を務めた神様であり、三種の神器のひとつ、天叢雲剣を手に入れた英雄は、まさに主役級。

4 九尾の狐(きゅうびきつね)

5 吸血鬼(きゅうけつき)

Q.2 創作キャラの主人公のバディに起用したい怪異は？

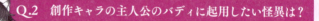

👑1 猫又(ねこまた)

長年を生きて妖怪化した猫であり、強い妖力を持った妖怪。可愛らしい外見のキャラとしても使いやすいと思います。

2 清姫(きよひめ)

愛しい人を追って火を吐く大蛇。ヒロインやパートナーなど、強力な力を持つ仲間としても描きやすそうです。

3 鬼童丸(きどうまる)

酒呑童子の遺児で、鬼と人間の間に生まれた子どもという伝承がある。鬼の子として強い力を持って生まれた子どもが、主人公と関わるうちに次第に感化されていくなどの物語が描けそう。

4 雪女(ゆきおんな)

5 かまいたち

ランキング

怪異を用いた物語創作をするなら、どのキャラクターを選ぶべきか。怪異について造詣の深い朝里樹先生に選んでもらいました。

Q.3 創作キャラの敵役に起用したい怪異は？

👑1 山本五郎左衛門

多くの妖怪を従える魔王と呼ばれる存在であり、ボスキャラとして申し分なしだと思います。

🏆2 酒呑童子

平安時代、多くの鬼を従えて平安京を襲っていたという鬼の頭領。鬼を扱う作品であれば敵役の筆頭格です。

🏆3 三目八面

四国に現れたという3つの目、8つの顔を持つ巨大な妖怪。情報が少ないため、逆に創作の要素を詰め込めるはずです。

4 八俣大蛇

5 鉄鼠

Q.4 創作キャラの協力者に起用したい怪異は？

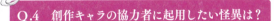

👑1 白澤

万物の知識を有する妖怪。主人公へのアドバイザーとして適役。

🏆2 温羅

退治されたあと、改心して吉凶を占うようになった鬼。吉凶に基づくアドバイスのほか、鬼なので時には戦闘に参加するなども面白い。

🏆3 小刑部姫

姫路城に住む妖怪。城を守った伝承があるため、主人公の居住地を守ることができそう。

4 朧車

5 龍

おわりに

いかがでしたか？
懐かしい怪異、はじめて知る怪異、記憶と違っていた怪異など、さまざまな再会や出会いや再発見があったのではないでしょうか。

　本書を参考にぜひトライしていただきたいのは、ここでご紹介した71もの怪異を雛形にして、独自のキャラクター像を確立すること。朝里先生もおっしゃる通り、「怪異は自由なものであっていい」という考えは私も同意です。
　とすれば日本古来より伝承され、人づてに息づいてきた怪異たちの悲喜こもごものストーリーと個性を、現代の新たなクリエイターの感性で蘇らせてこそ、次世代への継承が叶います。

　私自身、怪異は令和の現代でもなお、その姿形を変容しながら、社会で生きていると信じます。
　高校の隣のクラスの同級生に酒呑童子がいるかもしれません。遠く離れた海外の山村にぬらりひょんが暮しているかもしれません。そして誰にも気づかれないよう、こっそりと妖力を駆使し、世直しや善行に励んでいる可能性だってゼロではないでしょう。
　そのように空想をぐんぐんと広げれば、怪異の世界が人間の世界とつながり、きっと無限の物語が紡げるはず。

　そうなれば創作の世界もまた無限の可能性が広がるでしょう。

秀島 迅

創作視点で怪異を見ていくというのは、怪異愛好家としてさまざまな本に携わってきた私にとっても非常に新鮮でした。ただ単に怪異の情報を得るのではなく、それを元にどうやって新たな創作を生み出していくか──。そのような視点で怪異を改めて読み解いてみると、新たな発見がいくつもありました。

ちなみに、「怪異の描き方は自由なものであっていい」というのが私のスタンスです。怪異というのは、時代や地域によって同じものでも描かれ方が異なり、創作における脚色や誇張は当たり前のように行われてきました。それゆえに人々の記憶に残り、時代を超えて受け継がれてきたものも多いのです。ある種、古くからあるエンターテインメントなので、どのようにアレンジを利かせるかはつくり手にかかってるといえます。

だからこそ、今を生きる私たちは過去の時代の偉大な先人たちに負けないよう、今を生きる我々もより面白く、より新鮮に、怪異を描いていく必要があるのではないでしょうか。そして、そのためにはかつての先人たちがどのように怪異を描いたのか、またこの世界にはどのような怪異があるのか、そして自分ならば怪異をどのように魅力的に描くことができるのか──、そう考えていくと、無限の怪異の世界が広がって行くように思うのです。

ぜひ、本書で創作のための怪異を研究し、次の時代の怪異エンターテインメントをあなたの手で書き残してください。

朝里 樹

著者 **秀島 迅**（ひでしま・じん）

青山学院大学経済学部卒。2015年、応募総数日本一の電撃小説大賞（KADOKAWA）から選出され、『さよなら、君のいない海』で単行本デビュー。小説家として文芸誌で執筆活動をしながら、芸能人や著名人のインタビュー、著述書、自伝などの執筆も行っている。近著に長編青春小説『その一秒先を信じて シロの篇／アカの篇』2作同時発売（講談社）、『プロの小説家が教える クリエイターのための能力図鑑』（日本文芸社）などがある。また、コピーライターや映像作家としての顔も持ち、企業CM制作のシナリオライティングなど、現在も月10本以上手がけている。
X（旧Twitter）：@JinHideshima

著者 **朝里 樹**（あさざと・いつき）

怪異妖怪愛好家・作家。1990年、北海道に生まれる。2014年、法政大学文学部卒業。日本文学専攻。現在公務員として働く傍ら、在野で怪異・妖怪の収集・研究を行う。主な著書に『日本現代怪異事典』『世界現代怪異事典』（共に笠間書院）、『日本のおかしな現代妖怪図鑑』『歴史人物怪異談事典』（共に幻冬舎）などがある。また『日本の都市伝説大事典』『世界の都市伝説大事典』（共に新星出版社）、『日本異界図典』『日本異類図典』（共にG.B.）など監修書も多数。

参考文献

『ハンディ版 日本の怪異・妖怪大事典』（朝里 樹 監修、さがわゆめこ 画、グラフィオ 編／金の星社）、『大迫力！日本の都市伝説大百科』（朝里 樹 監修／西東社）、『大迫力！日本の妖怪大百科』（山口敏太郎 著／西東社）、『日本の妖怪 完全ビジュアルガイド』（小松和彦、飯倉義之 監修／カンゼン）、『ビジュアル図鑑 妖怪』（木下昌美 監修／カンゼン）、『鬼 完全図鑑』（小松和彦 監修／東京書店）、『お化け図鑑 日本と世界の幽霊・妖怪大集合！』（近藤雅樹 監修／PHP）、『妖怪最強王図鑑』（多田克己 監修、なんばきび 絵／Gakken）、『神話最強王図鑑』（健部伸明 監修／Gakken）

プロの小説家が教える
クリエイターのための怪異図鑑

2024年10月1日　第1刷発行

著　者　秀島 迅、朝里 樹
発行者　竹村 響
印刷所　株式会社文化カラー印刷
製本所　大口製本印刷株式会社
発行所　株式会社 日本文芸社
〒100-0003　東京都千代田区一ツ橋1-1-1 パレスサイドビル8F

乱丁・落丁などの不良品、内容に関するお問い合わせは、
小社ウェブサイトお問い合わせフォームまでお願いいたします。
ウェブサイト　https://www.nihonbungeisha.co.jp/

Printed in Japan　112240918-112240918 Ⓝ 01 (201128)
ISBN978-4-537-22238-8
©Jin Hideshima、Itsuki Asazato 2024
編集担当　上原

法律で認められた場合を除いて、本書からの複写・転載（電子化を含む）は禁じられています。また、代行業者等の第三者による電子データ化および電子書籍化は、いかなる場合も認められていません。